Em primeiro lugar, sou grato a Deus por tudo que ele fez em minha vida. E também a minha esposa que me deu o melhor presente: Uma filha linda e muito esperta.
Uma linda família! Amo você!

Hitalo Sarmento
2024

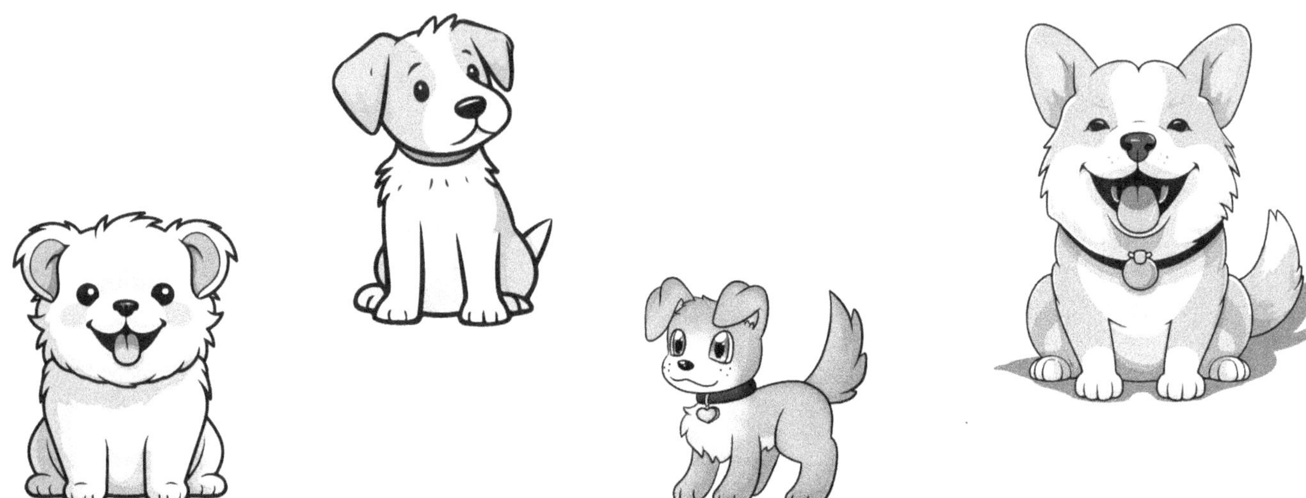

Este livro pertence a:

____

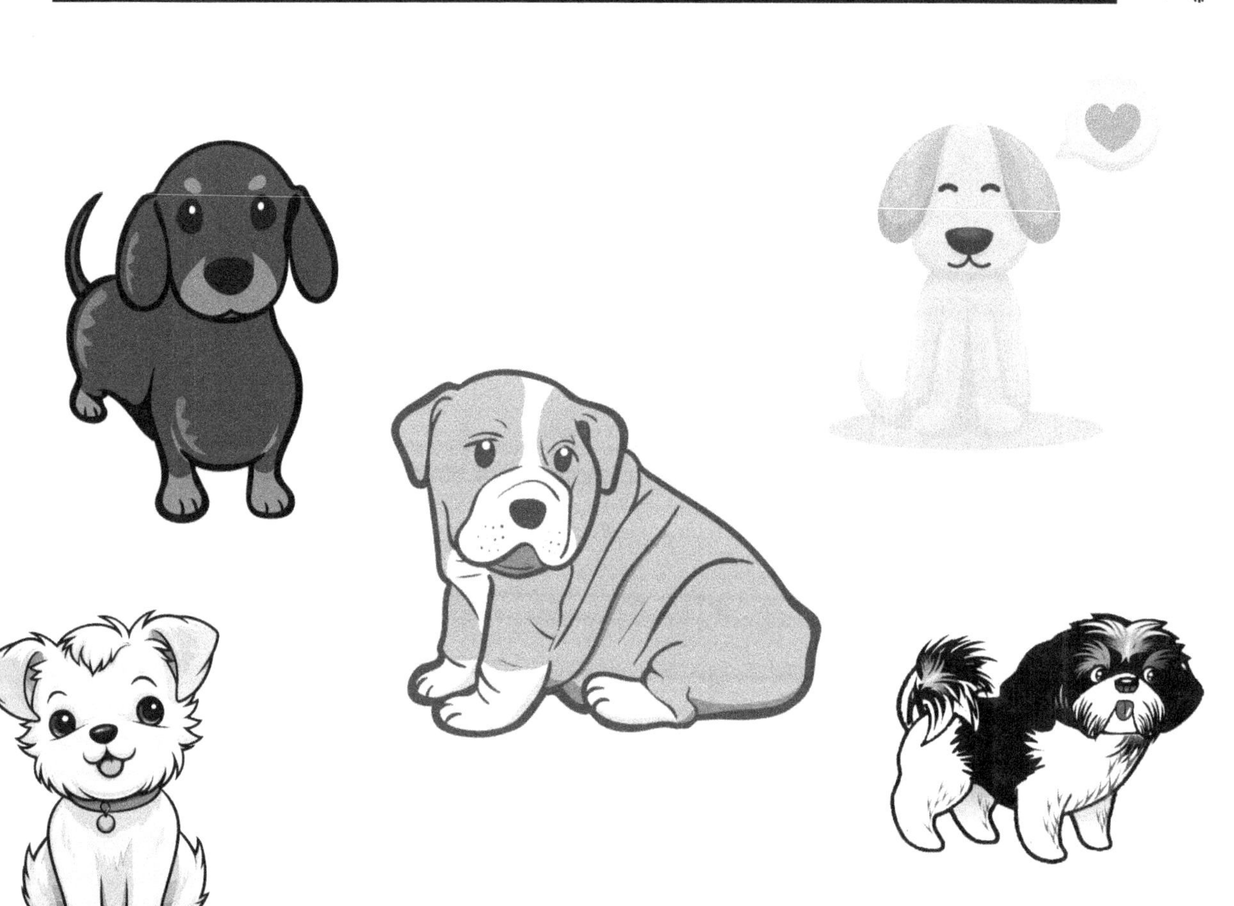

Página colorida de teste

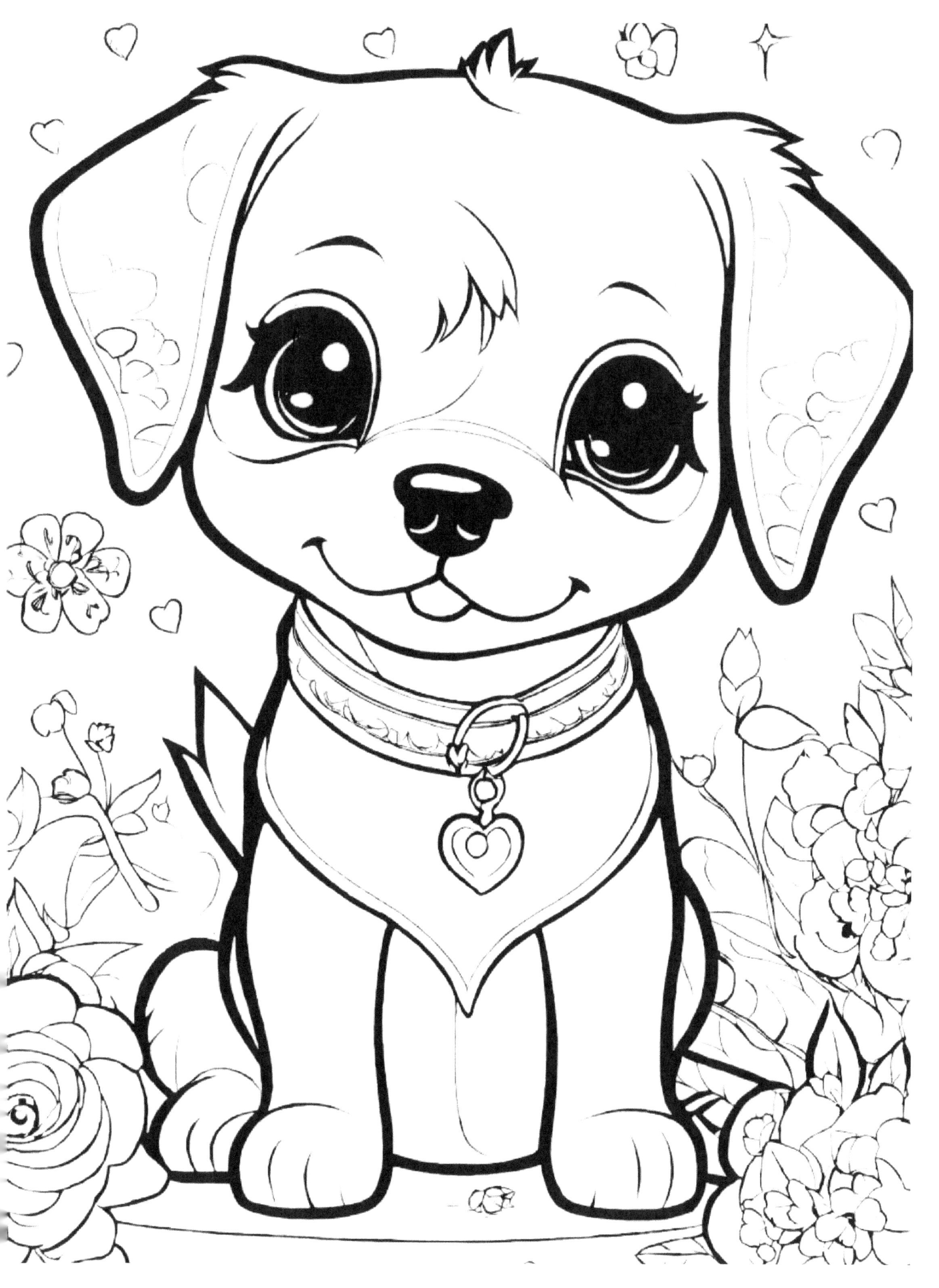

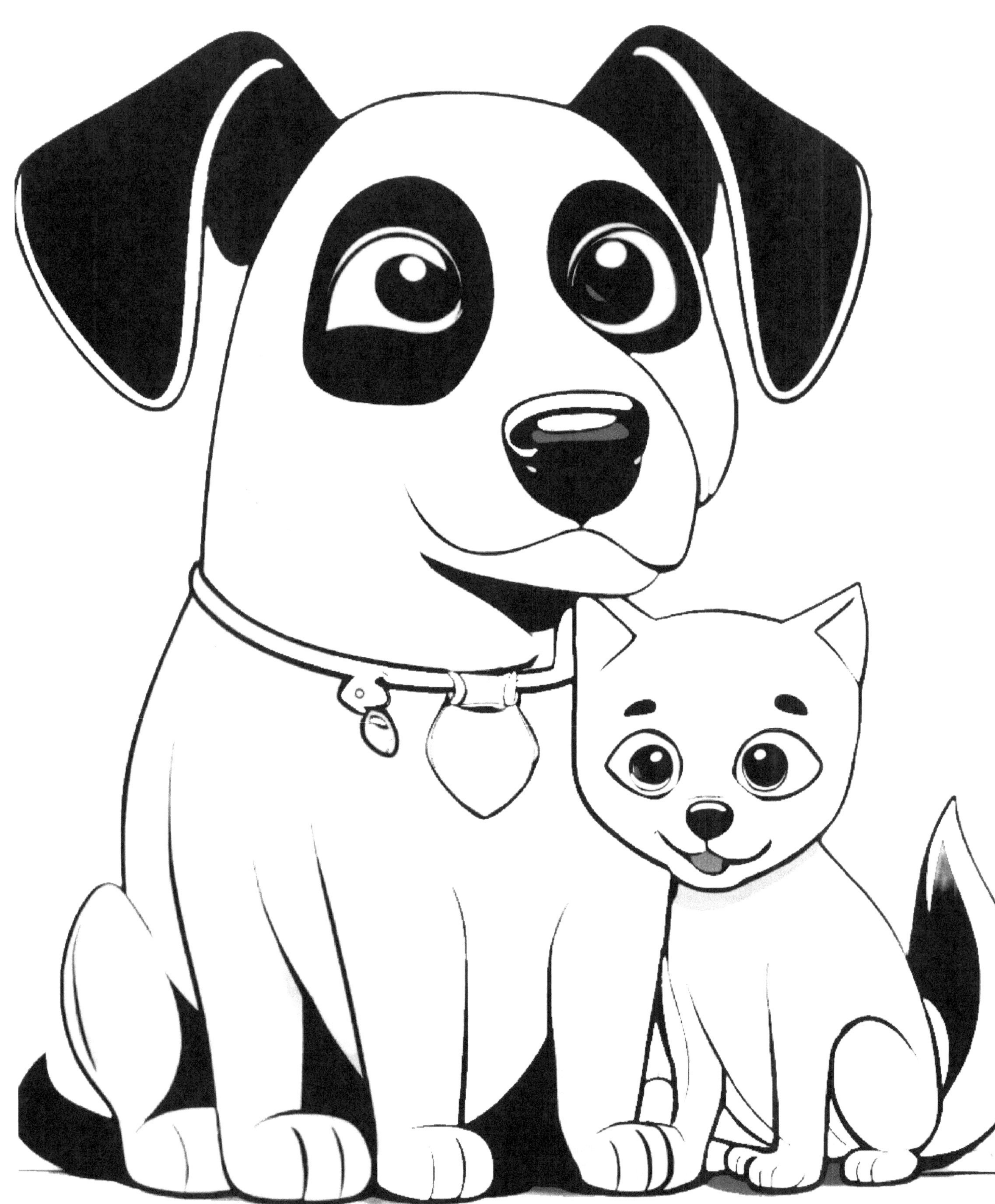

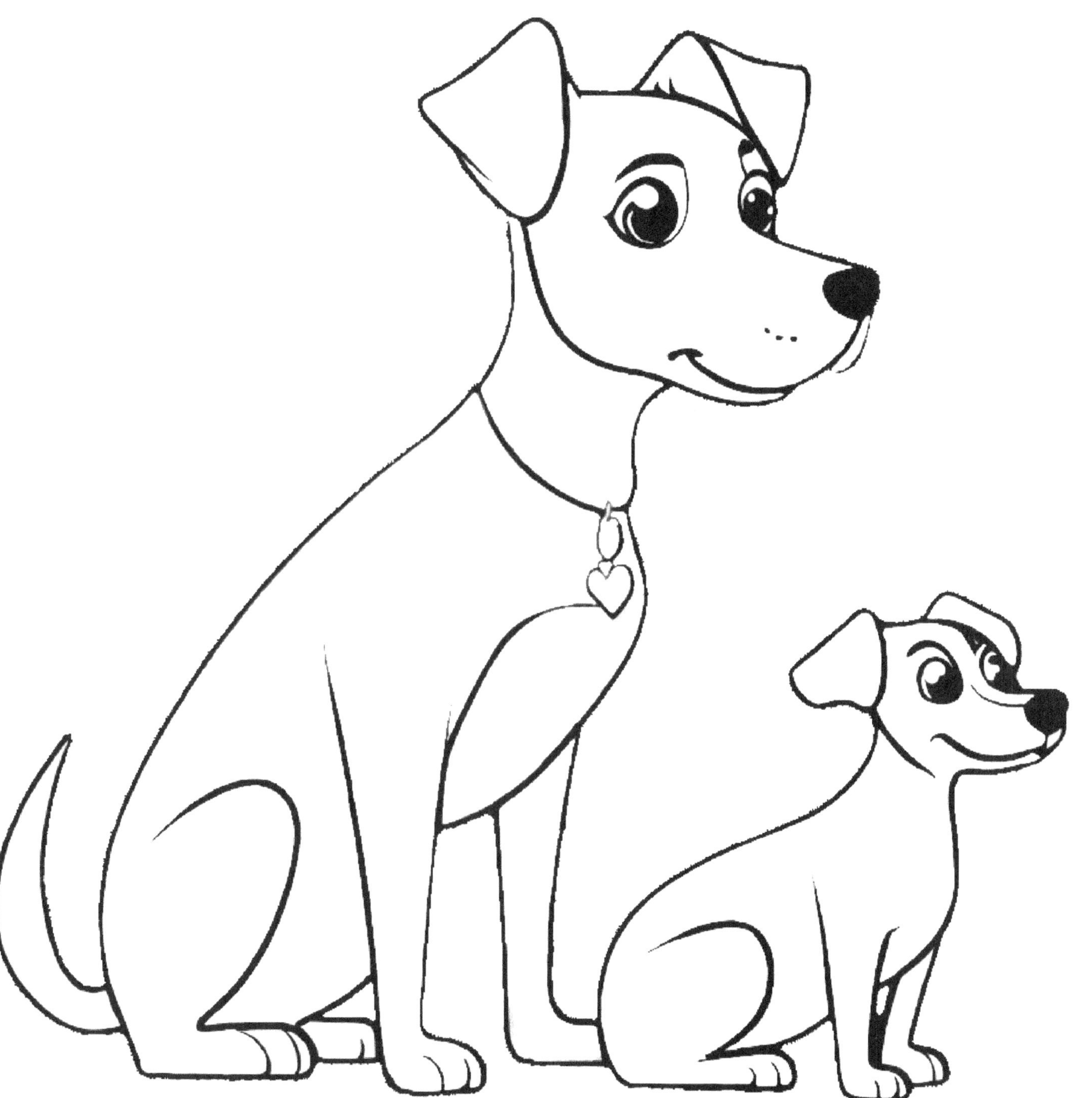

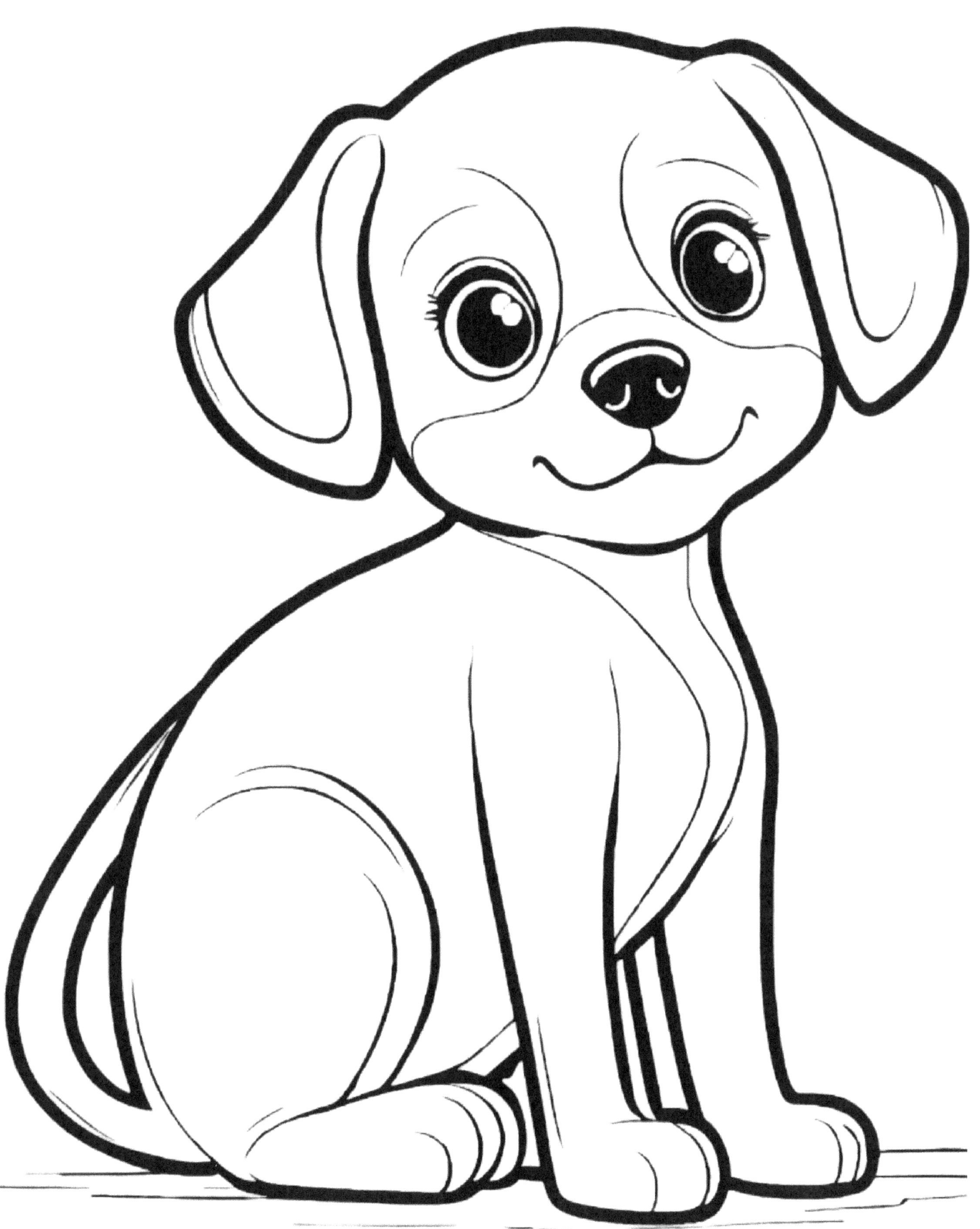

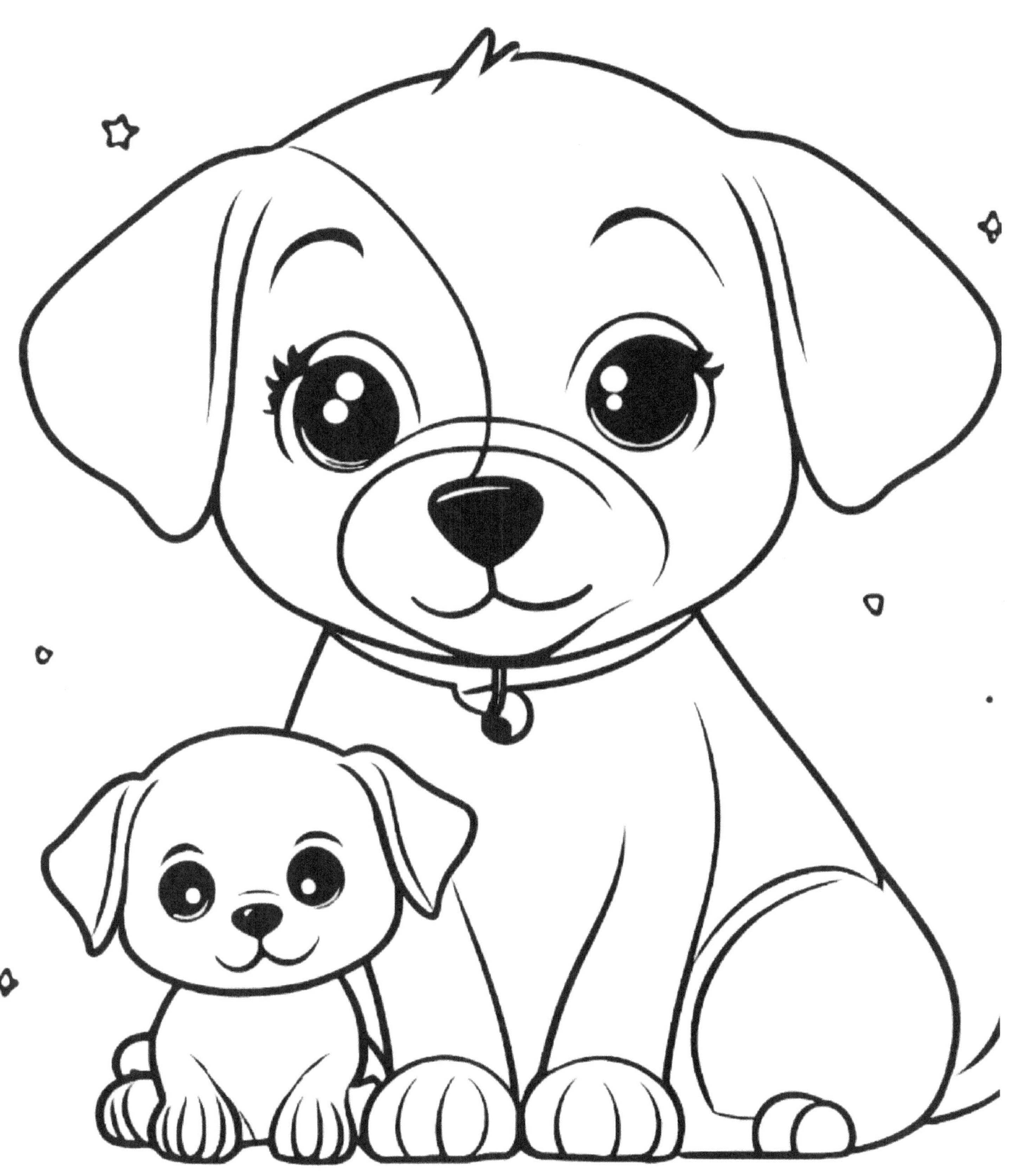

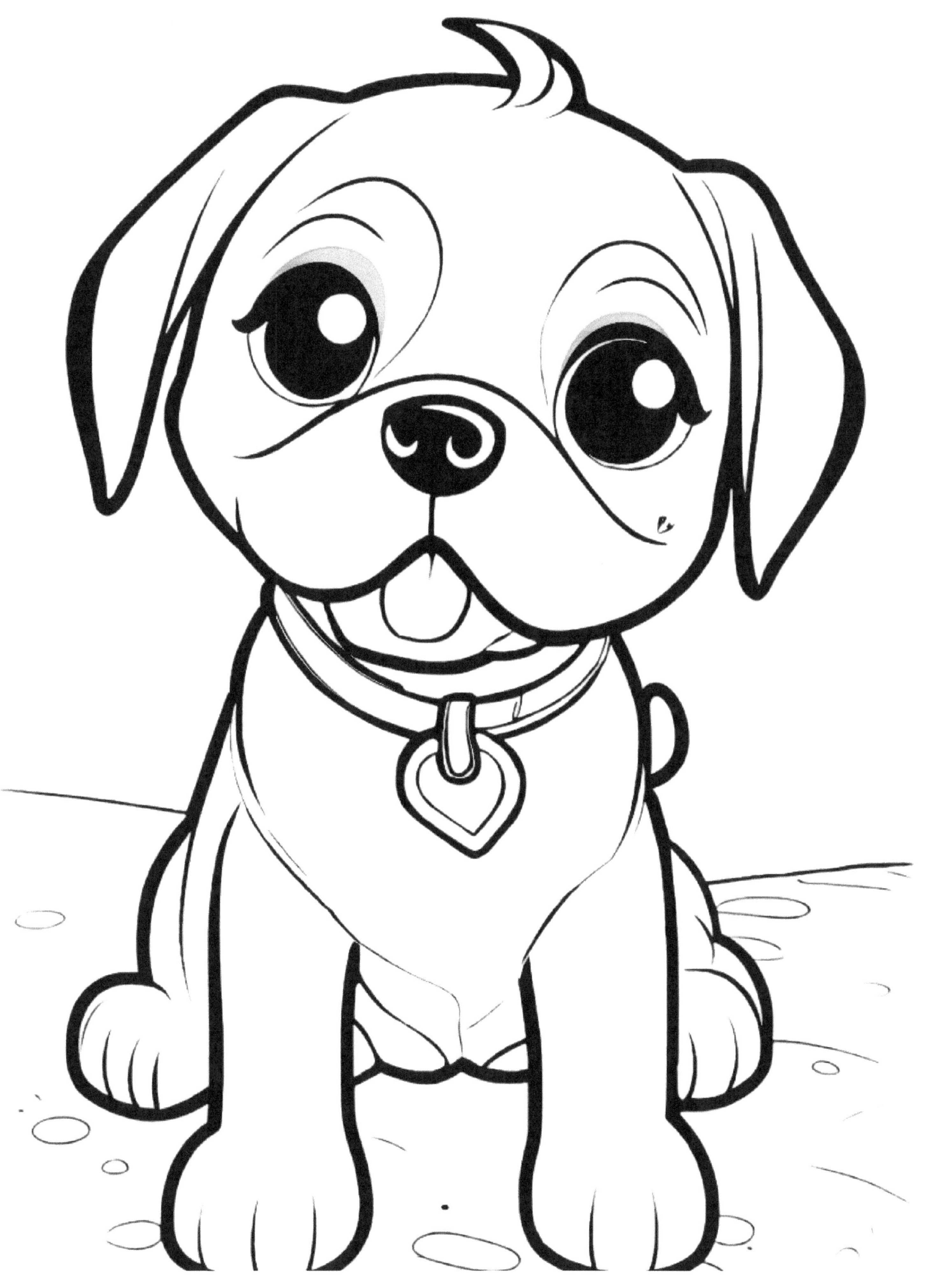

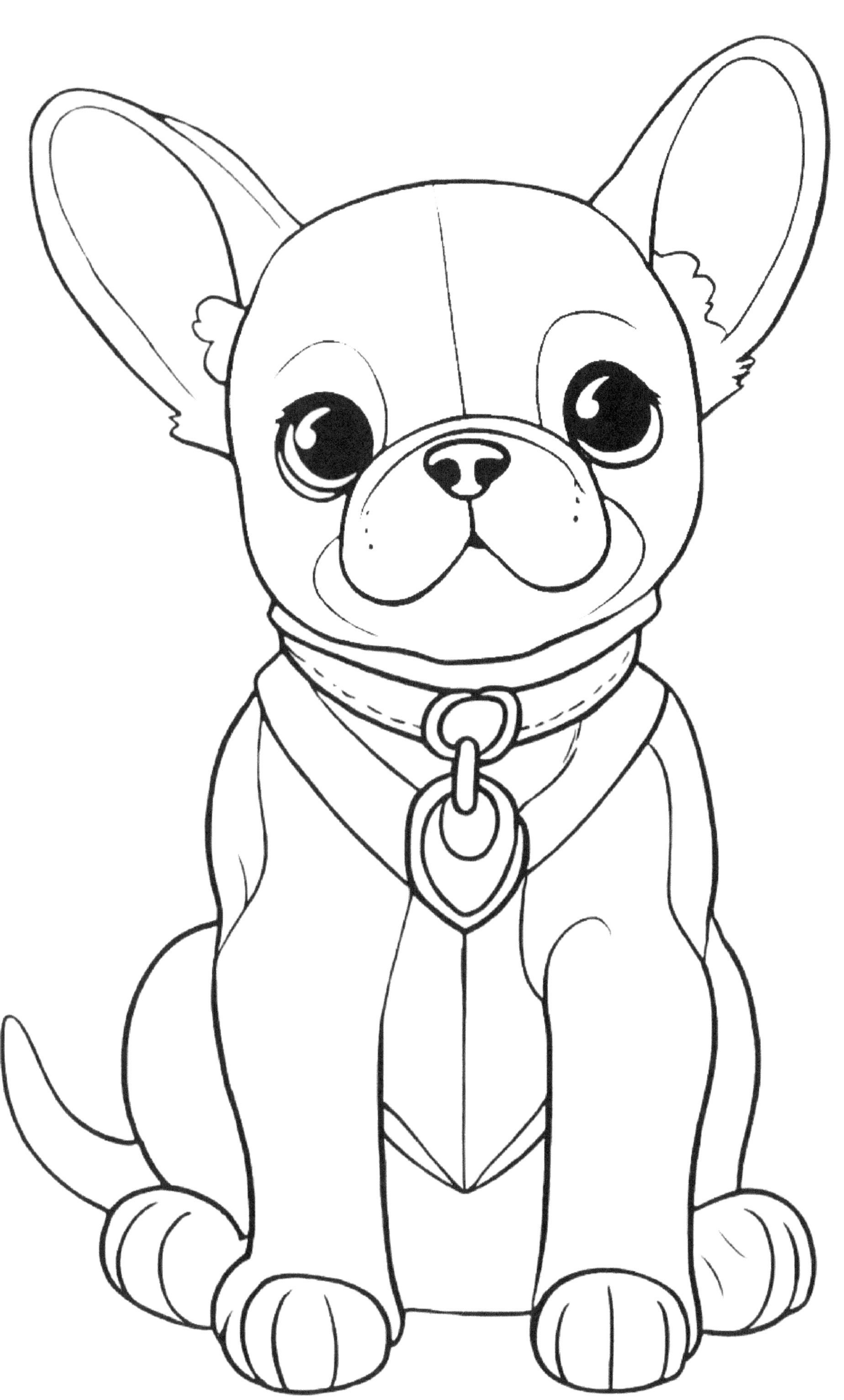

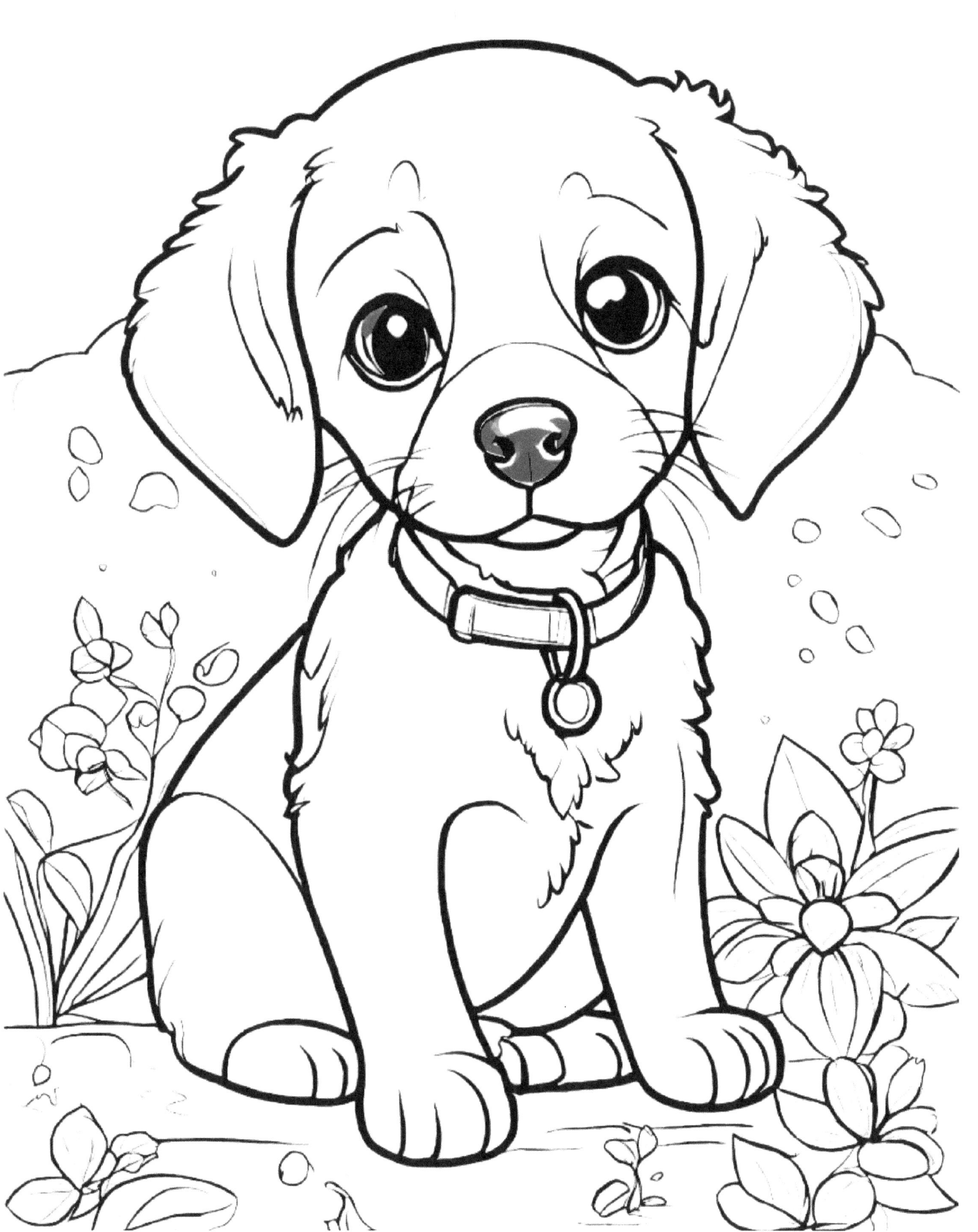

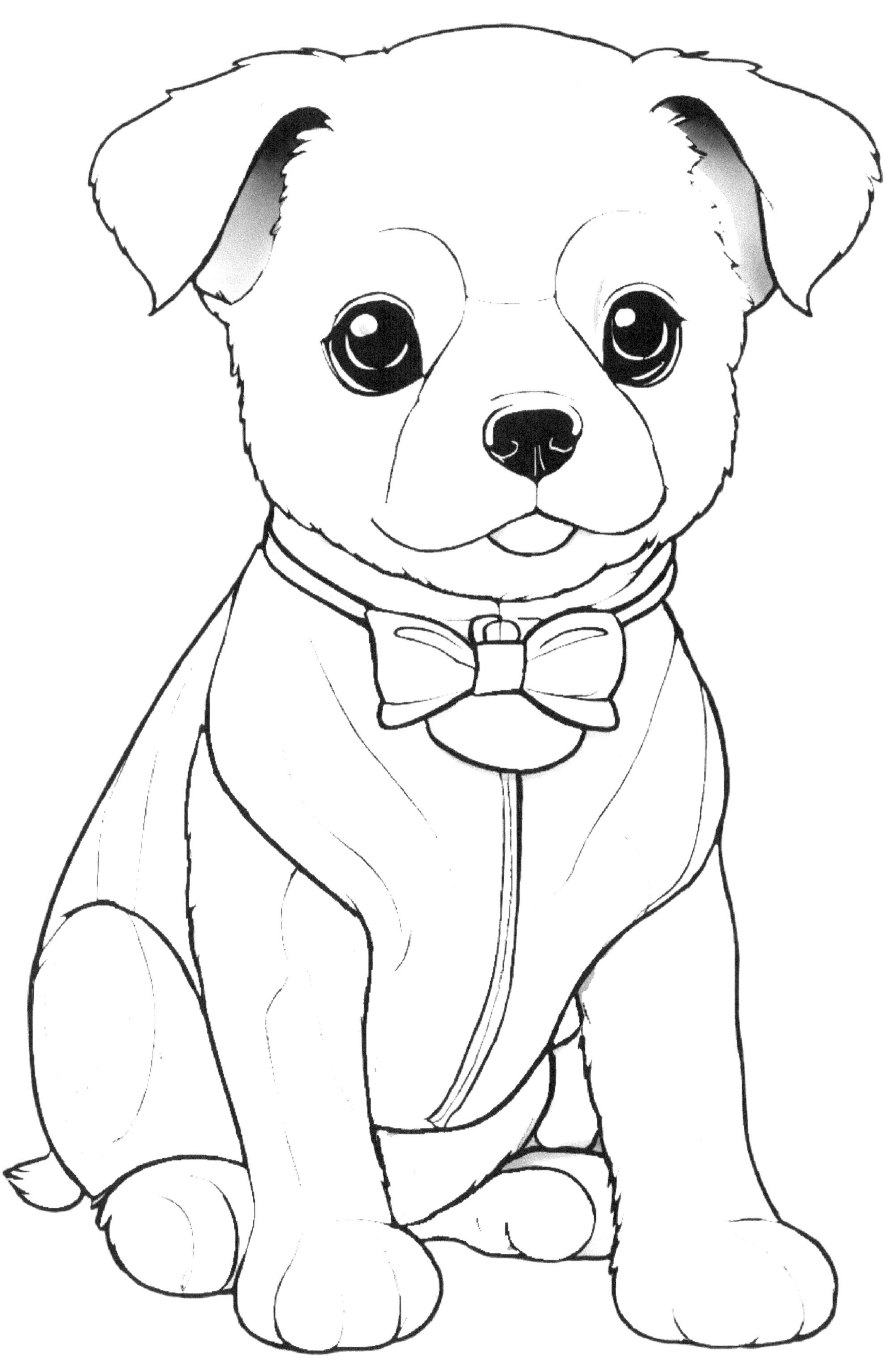

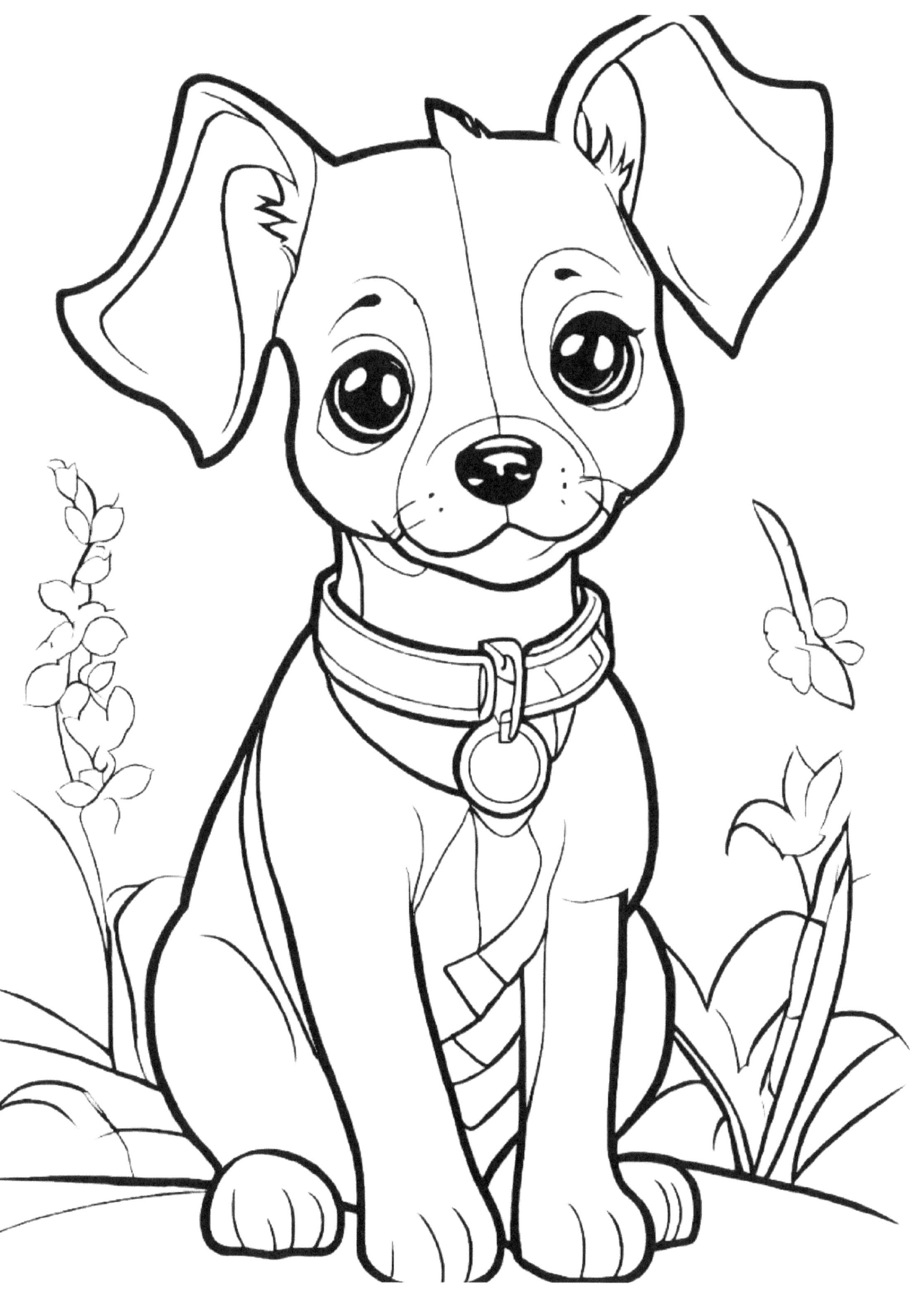

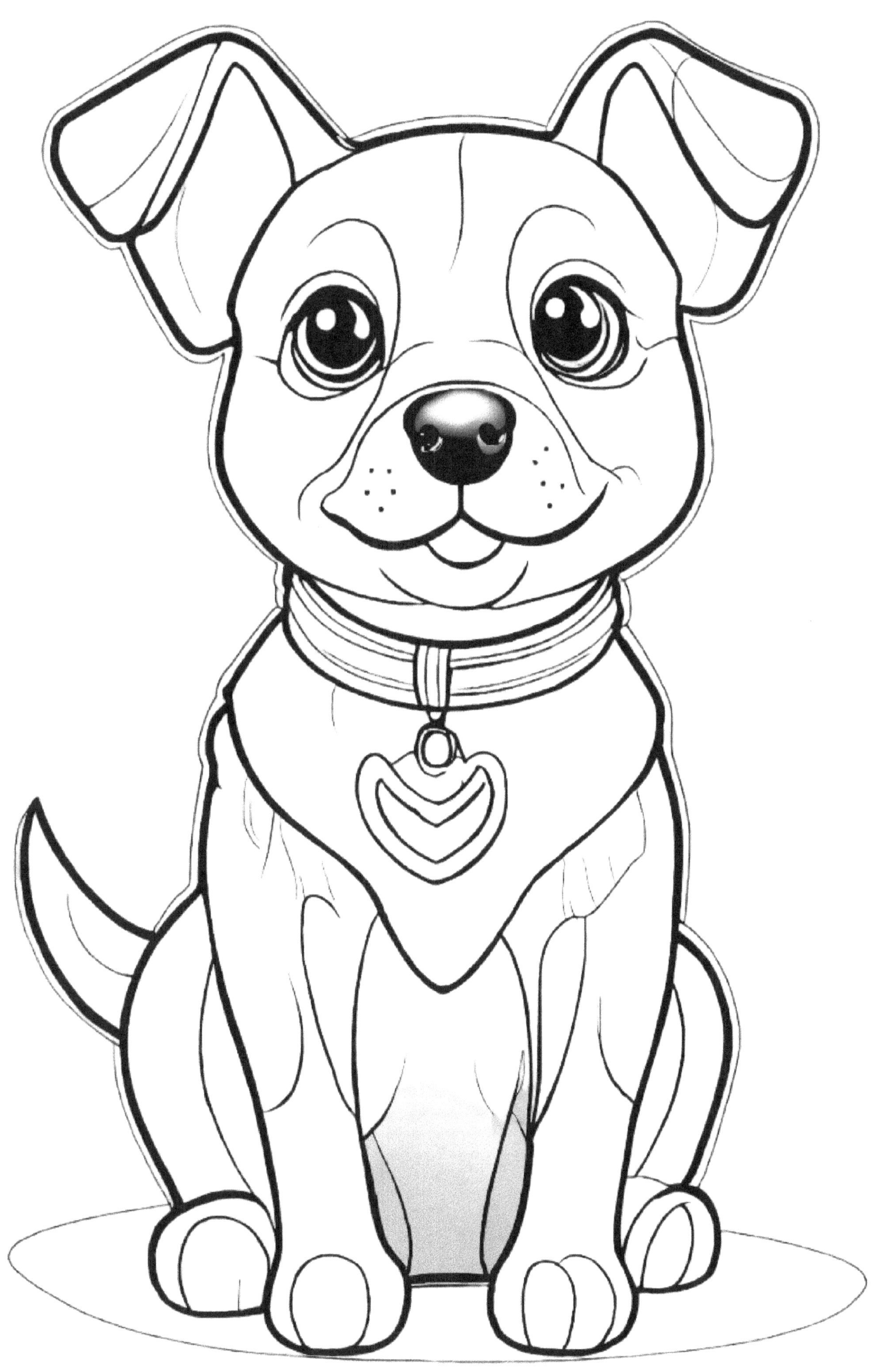

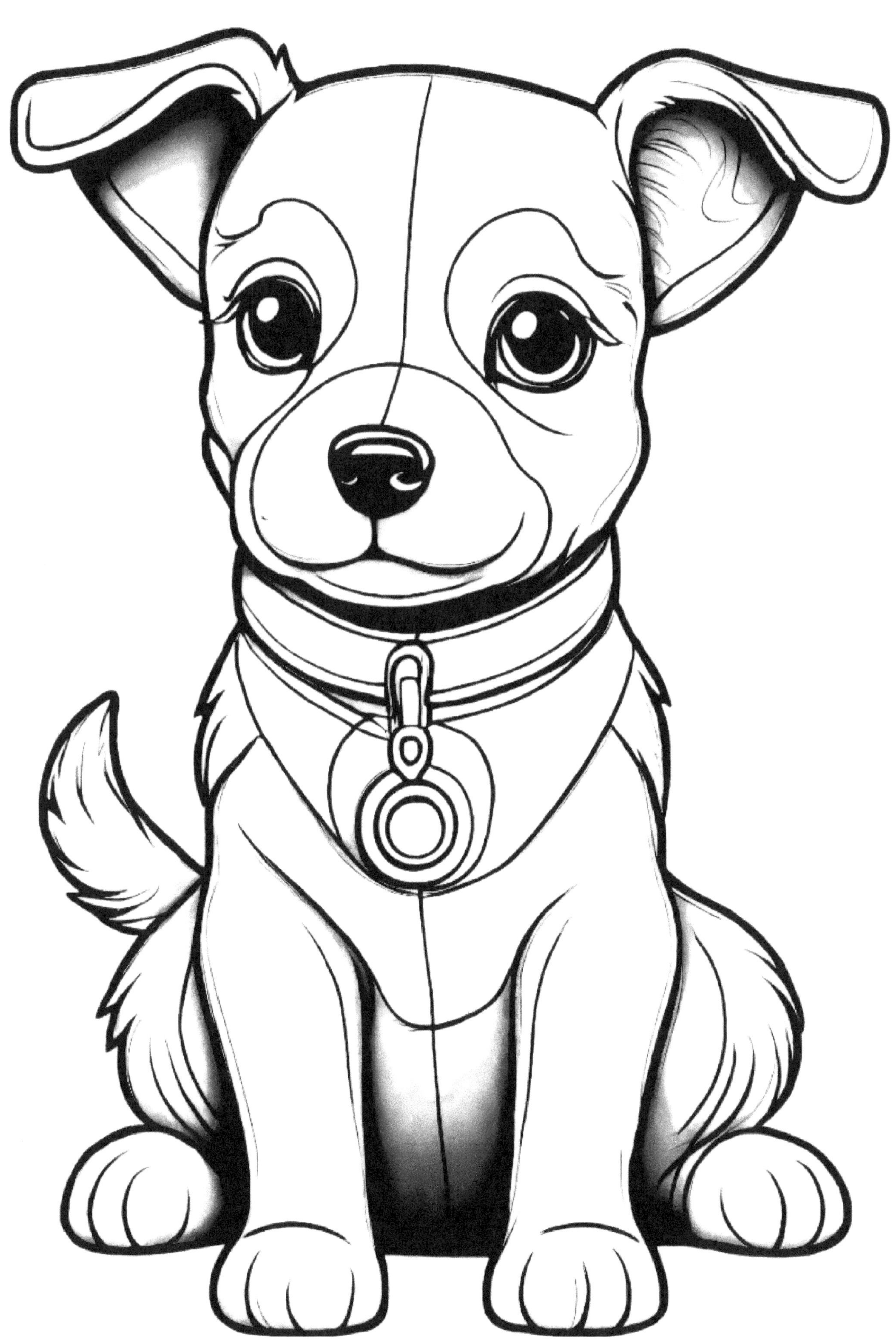

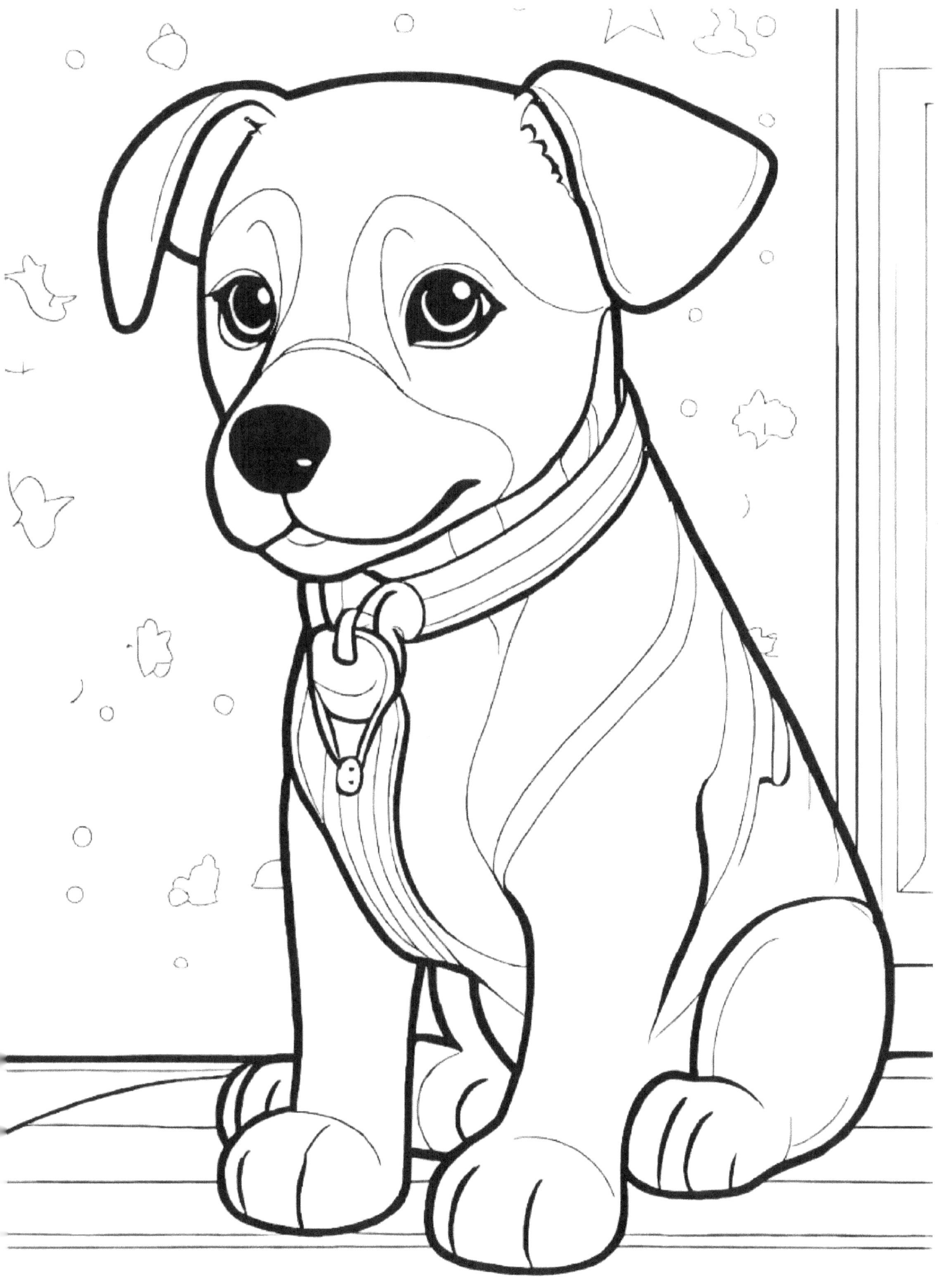

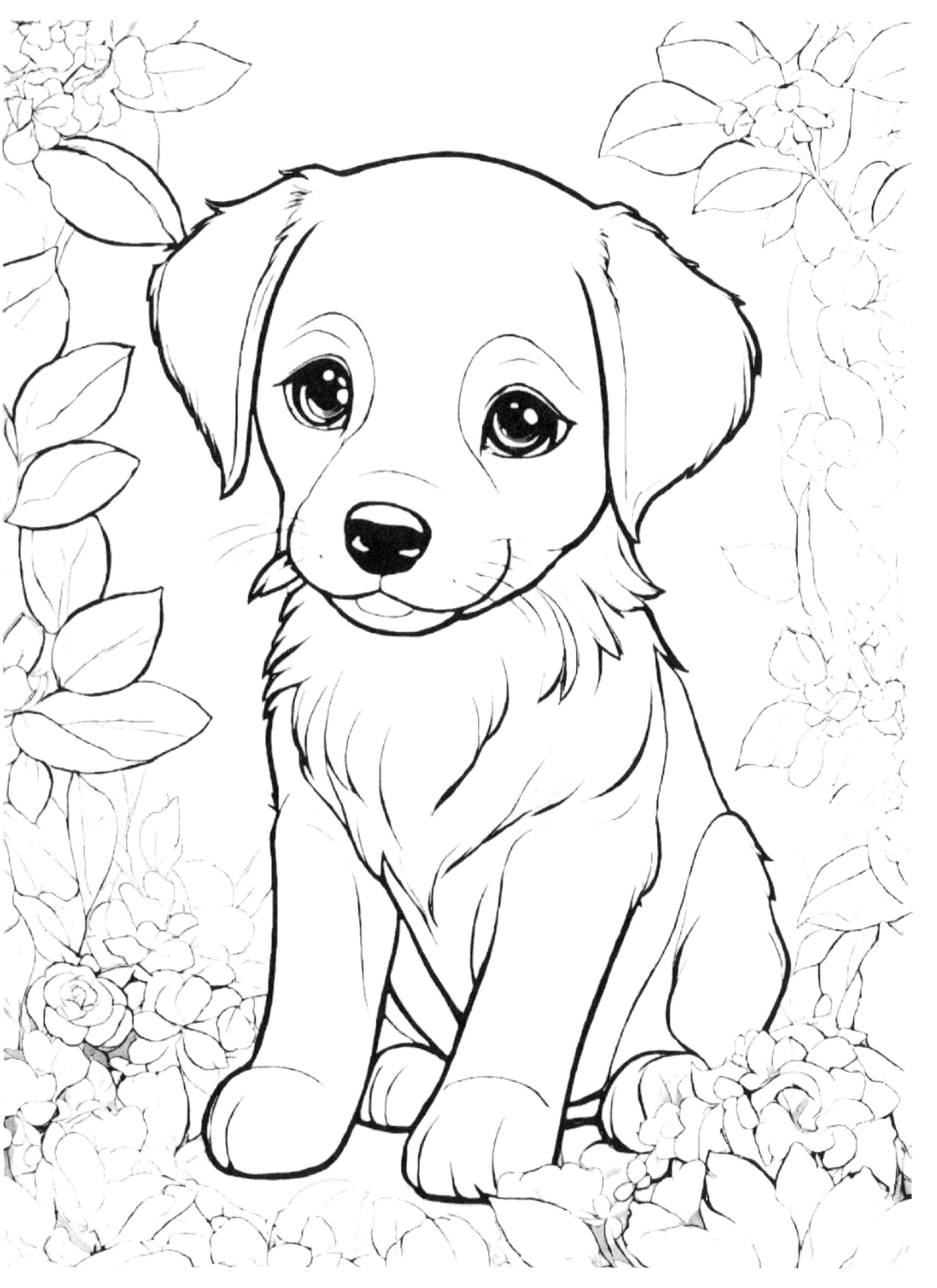

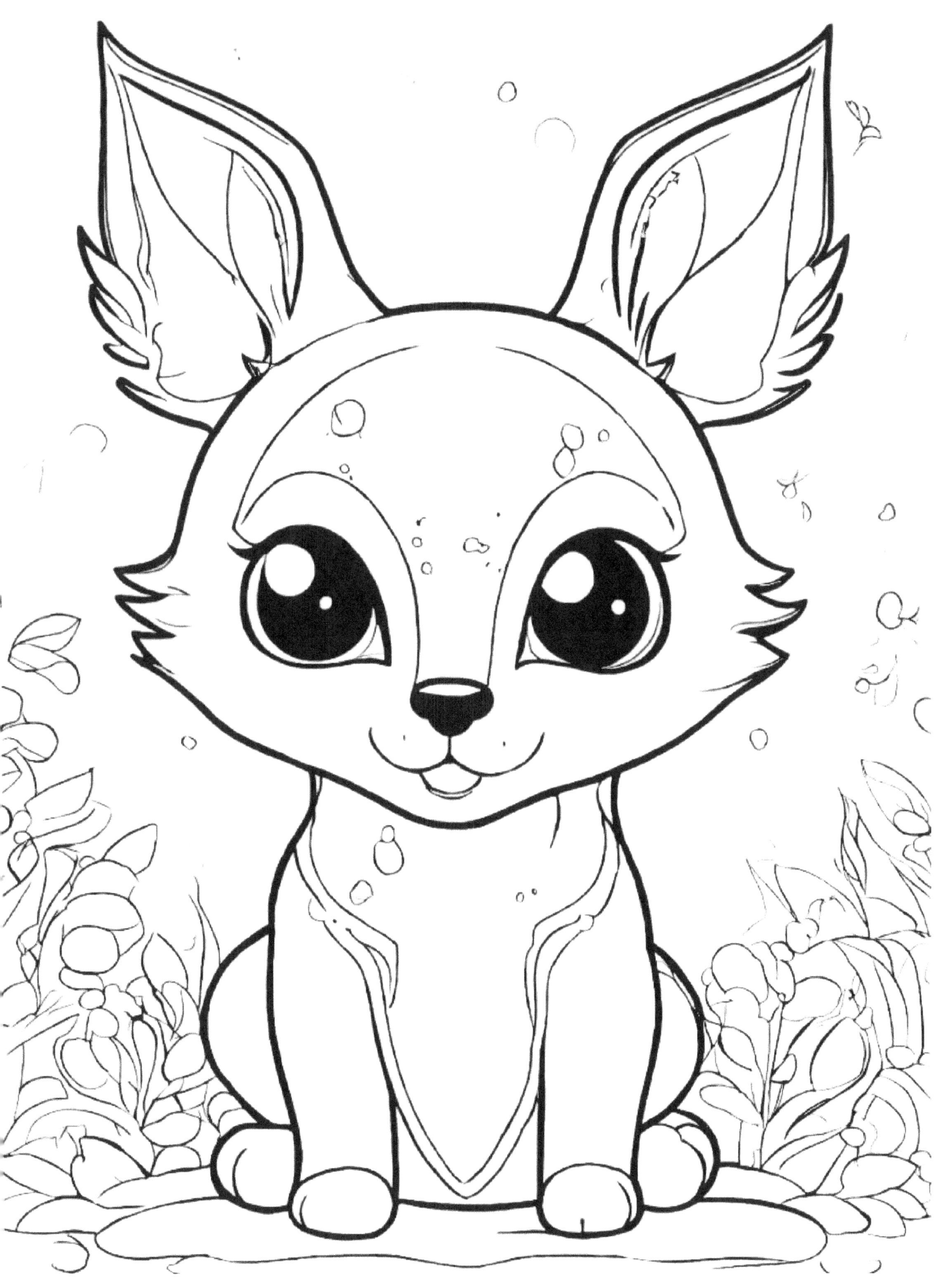

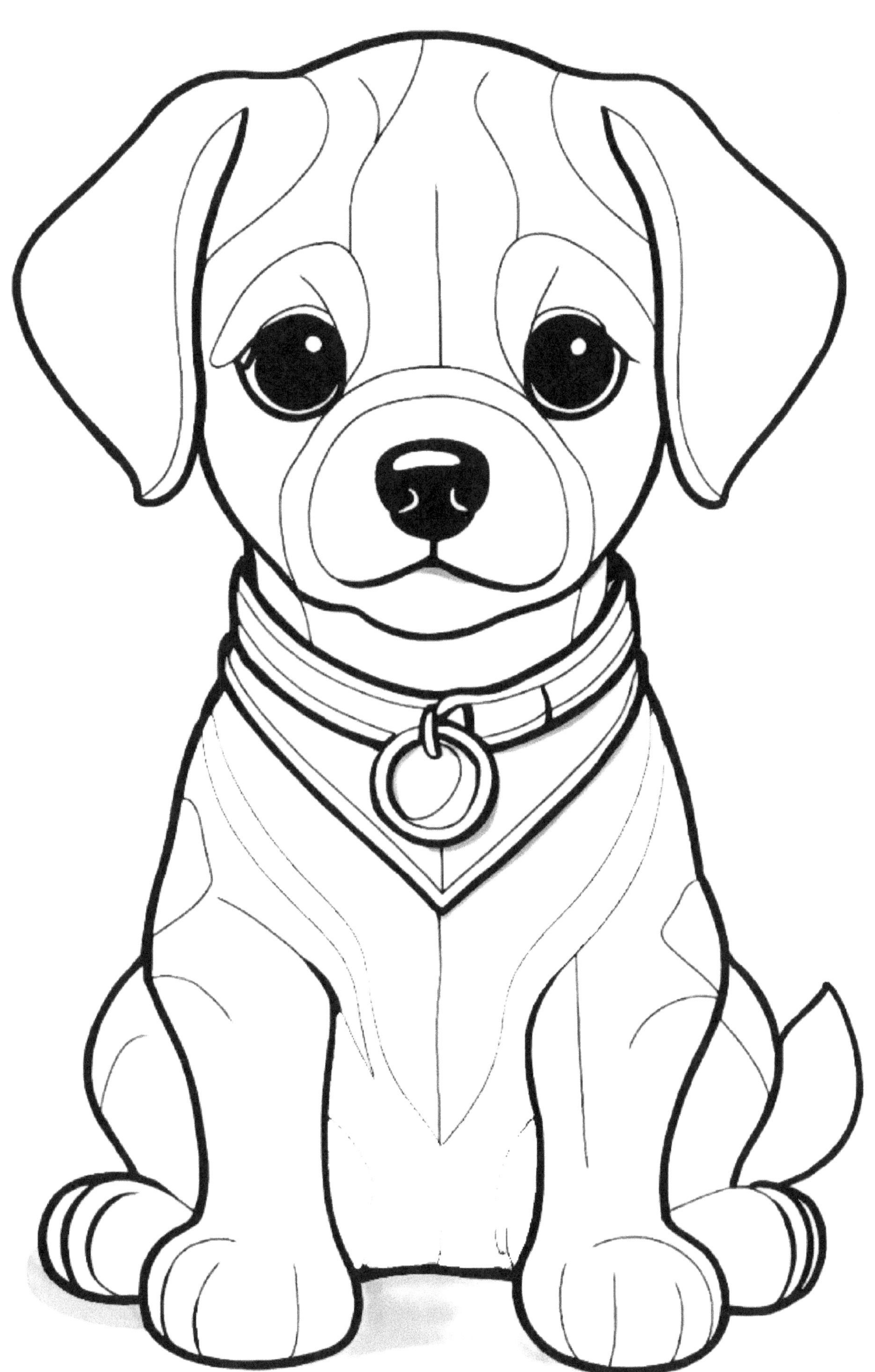

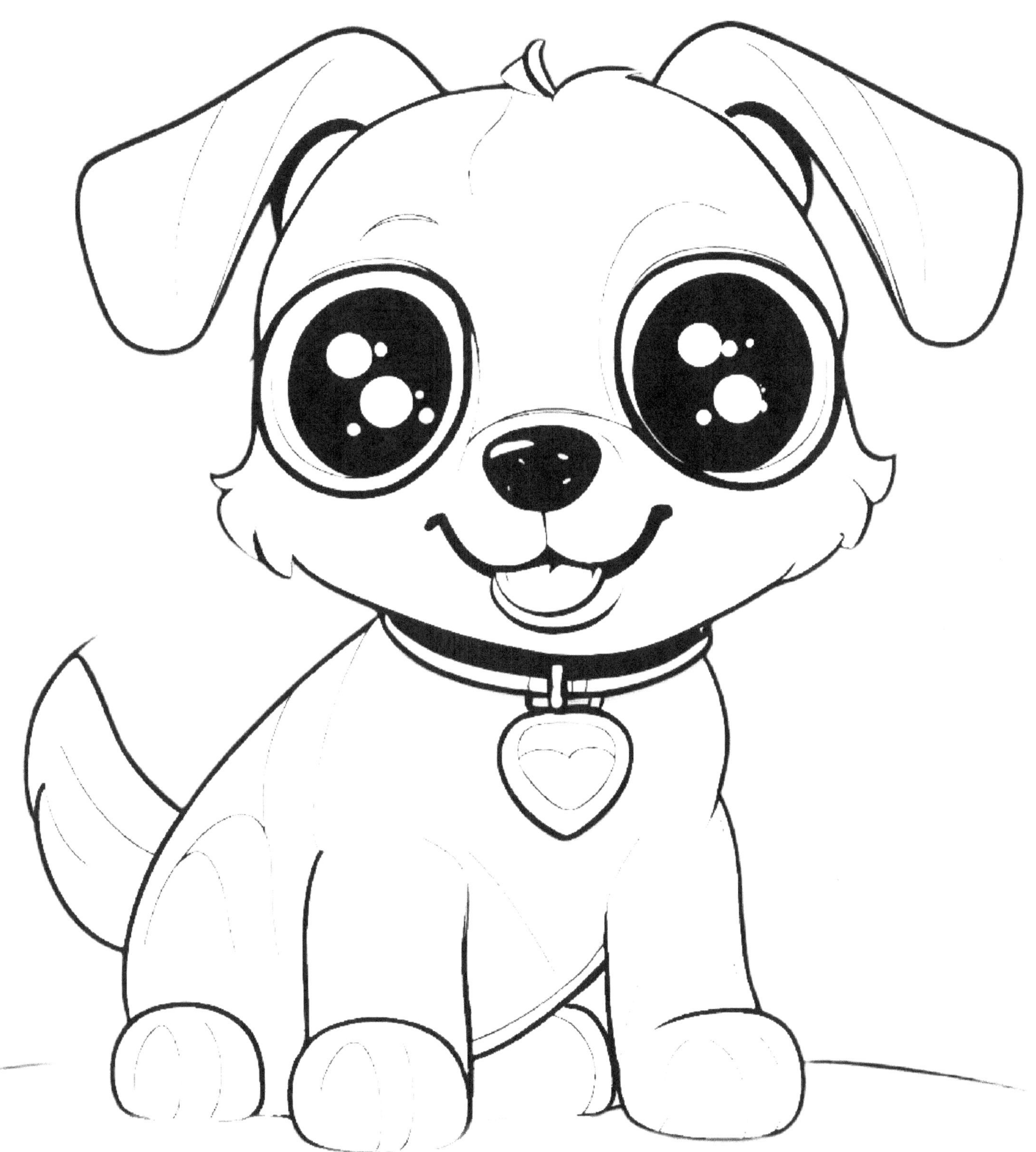

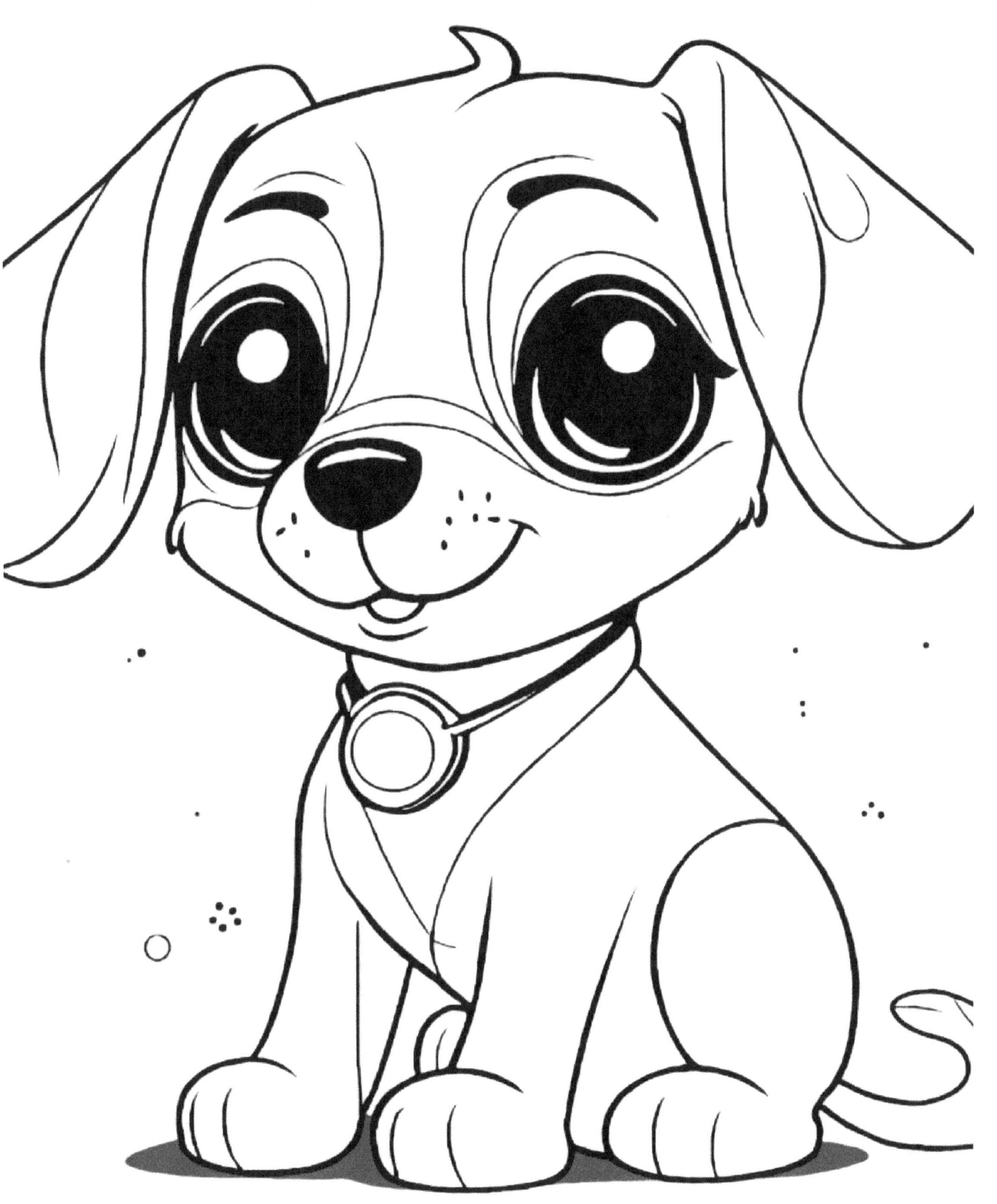

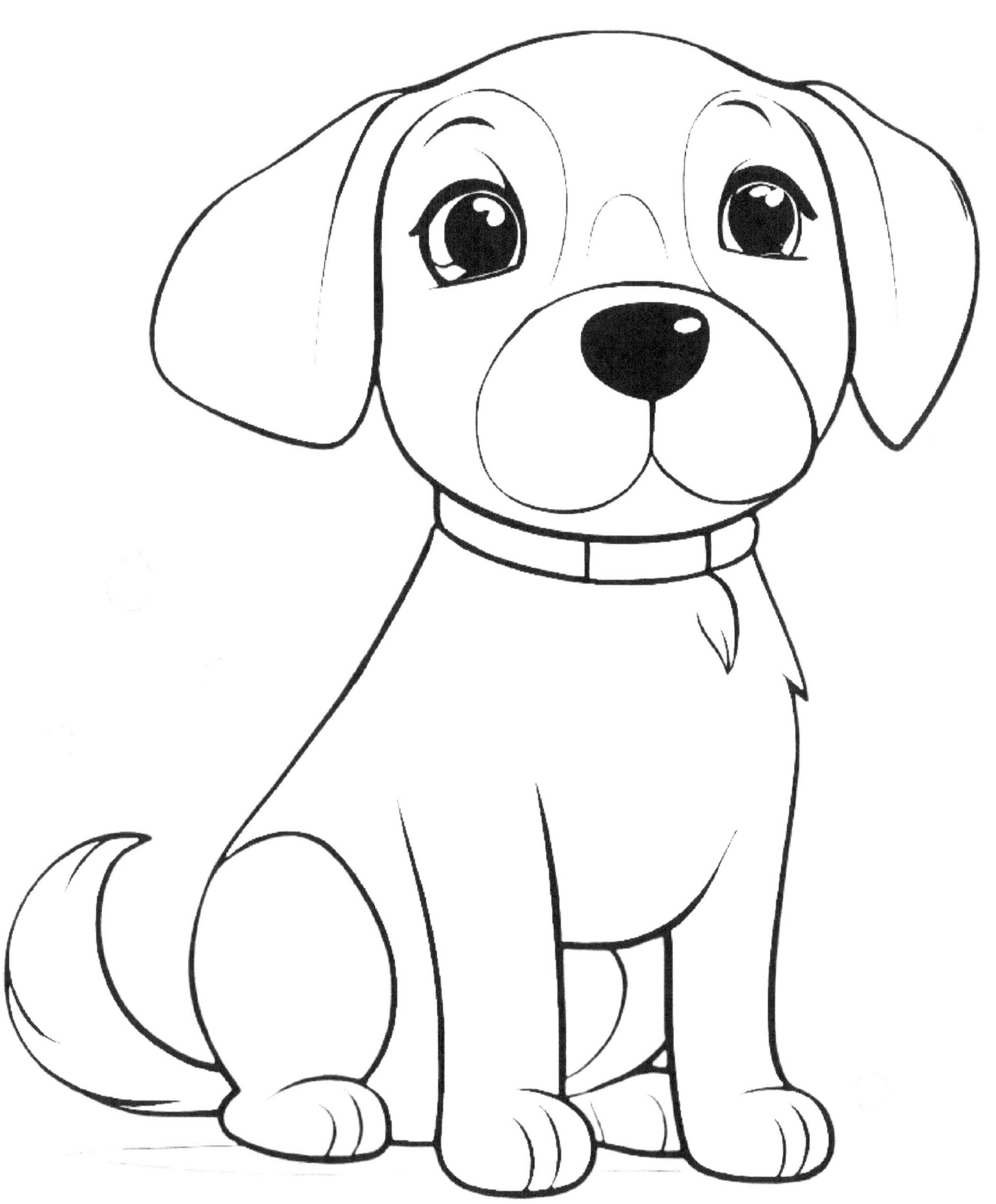

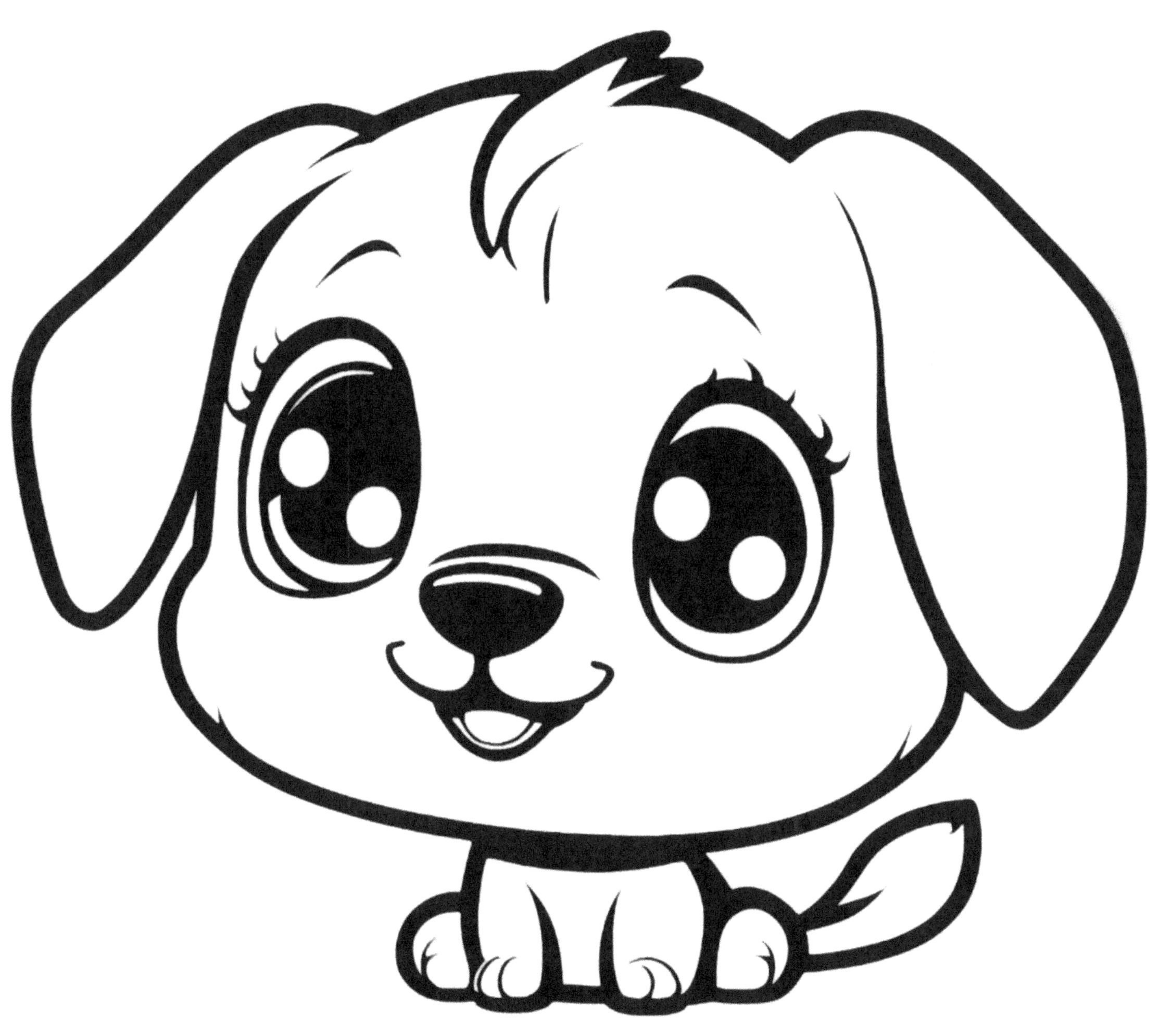

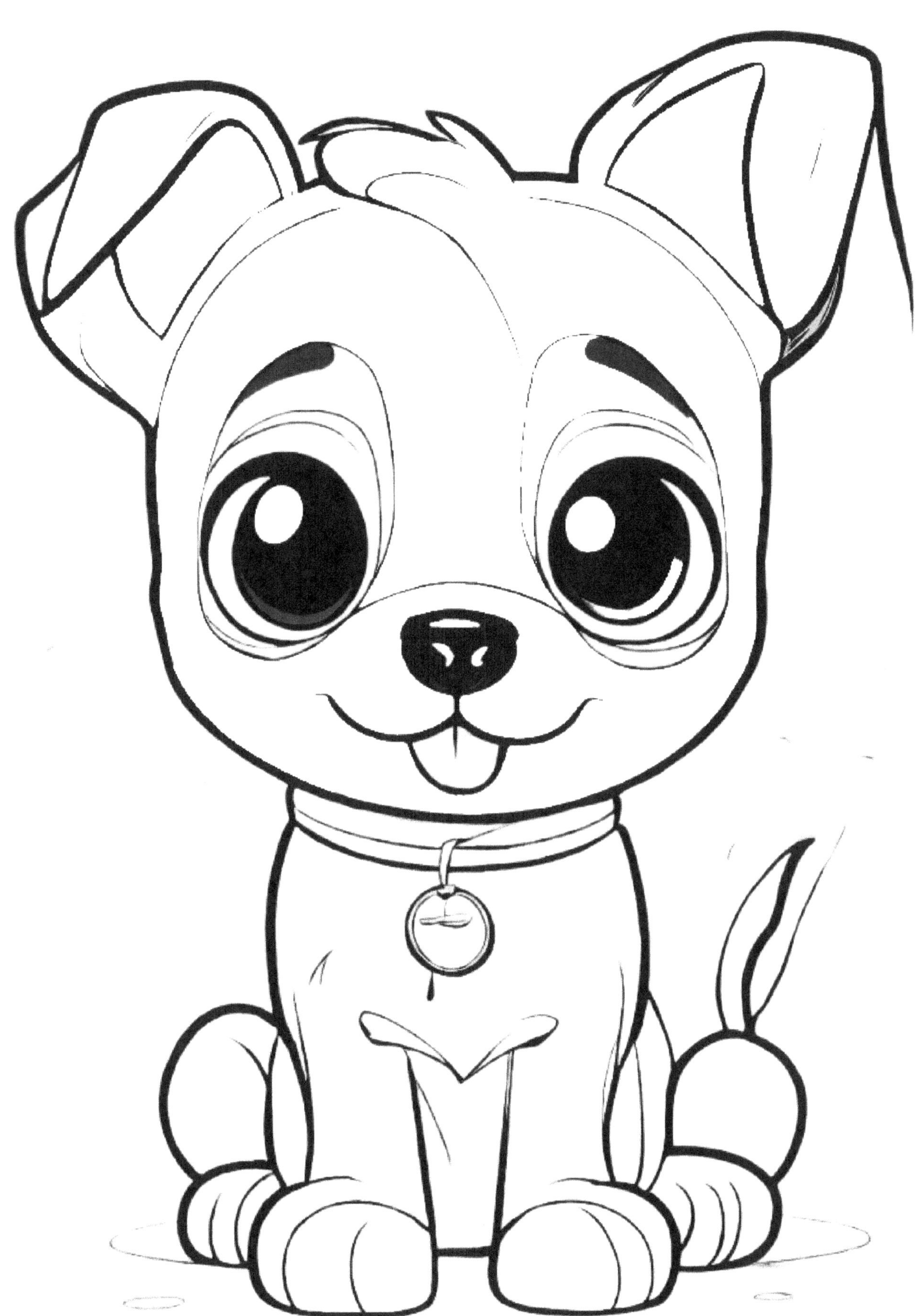

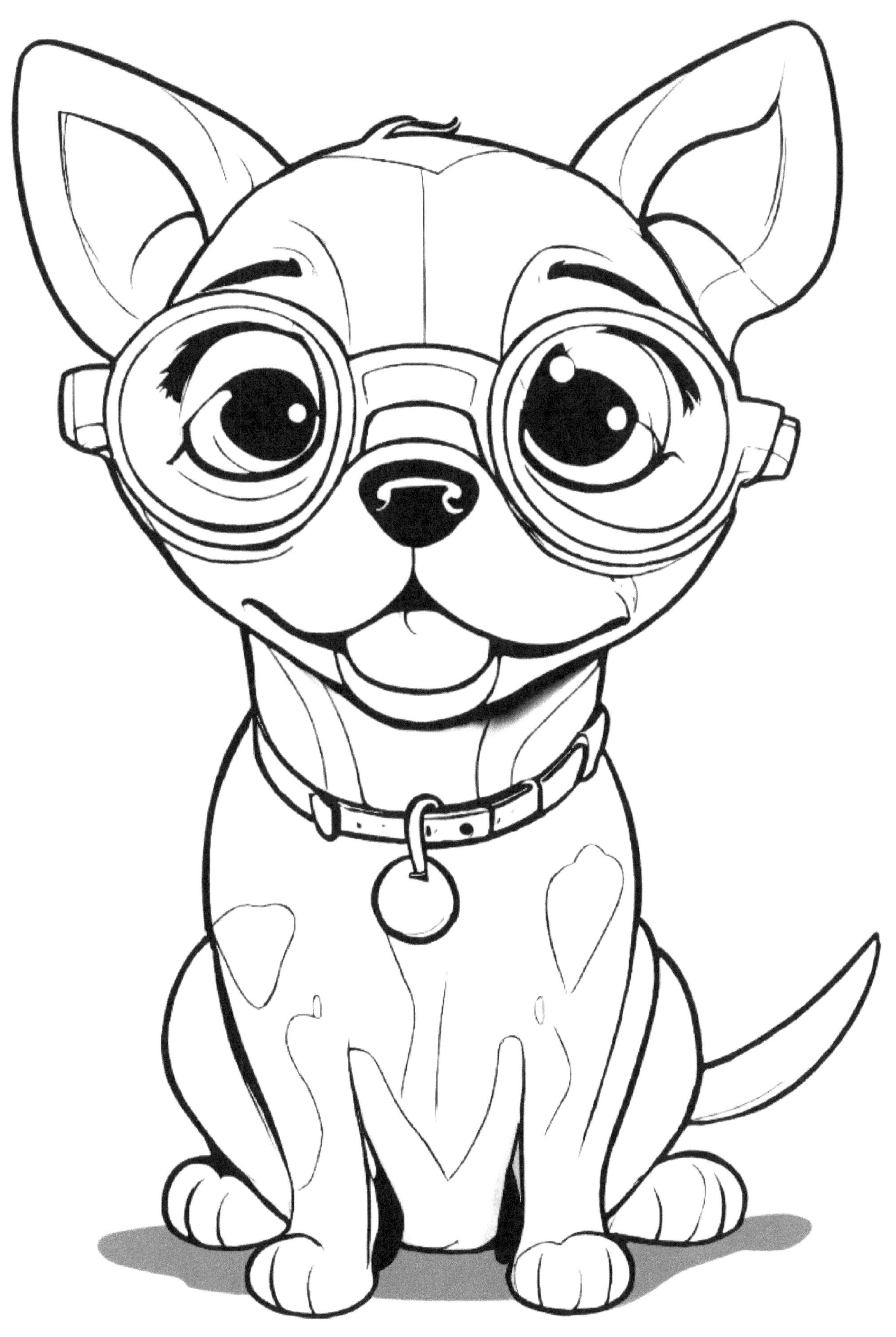

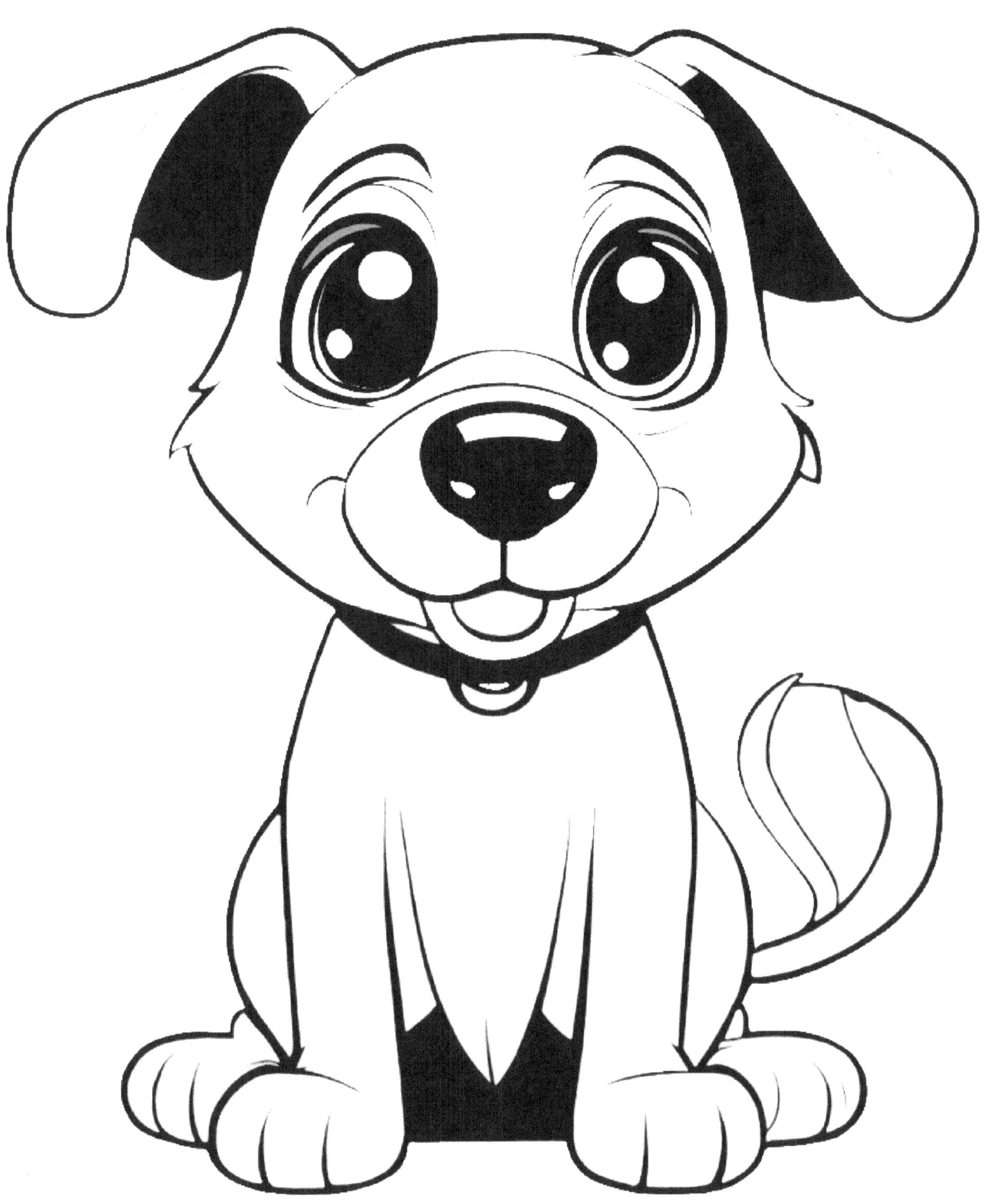

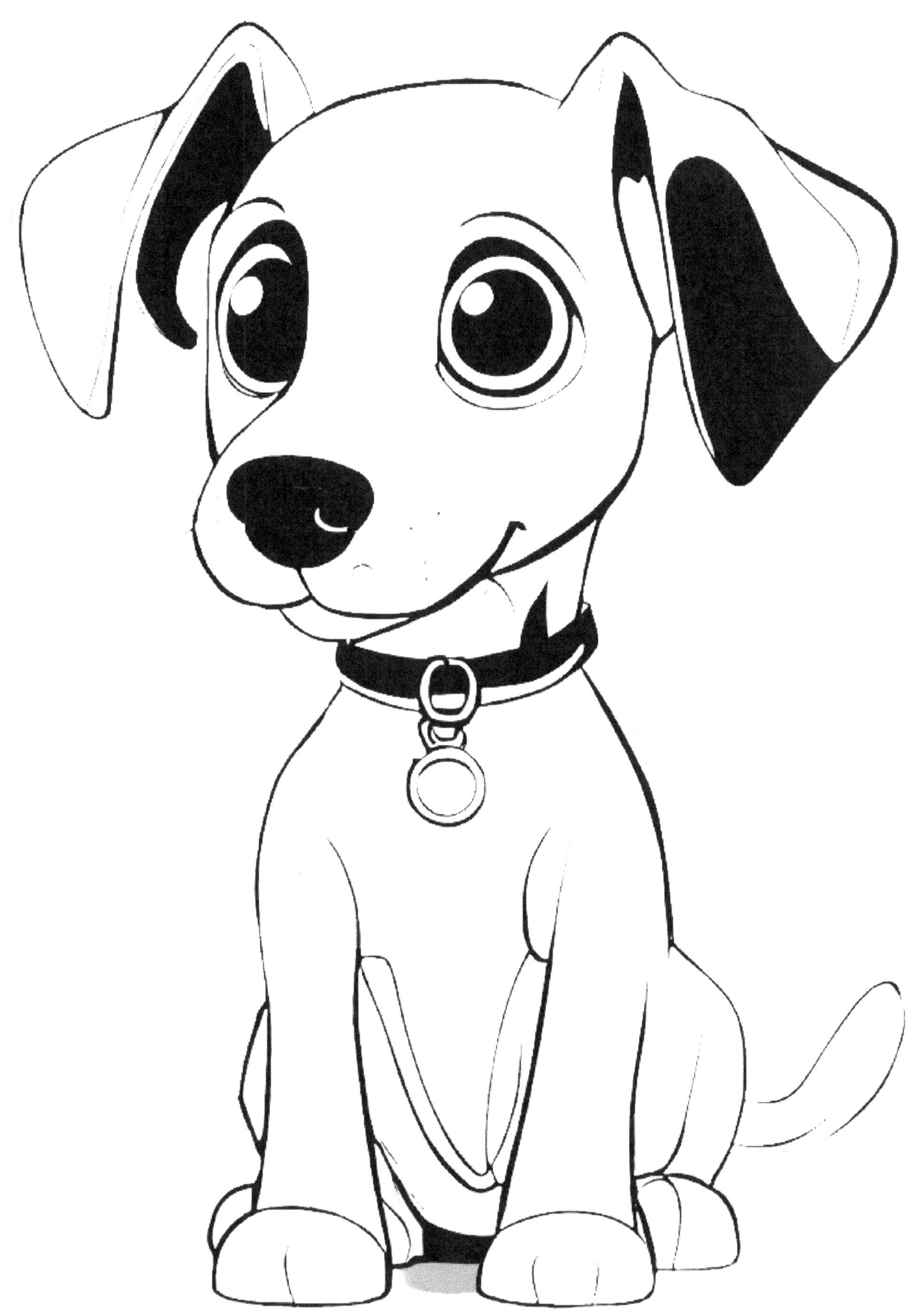

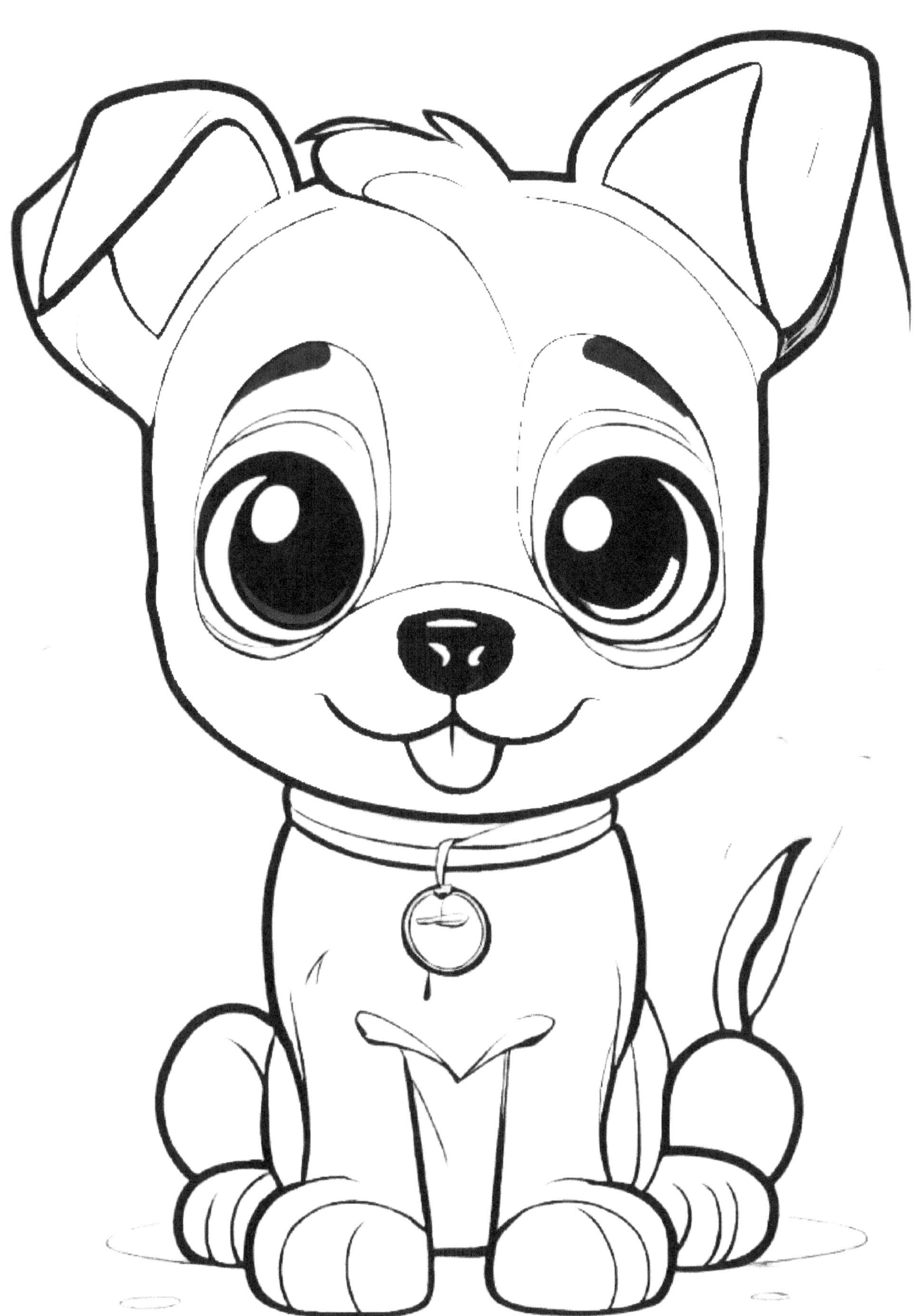

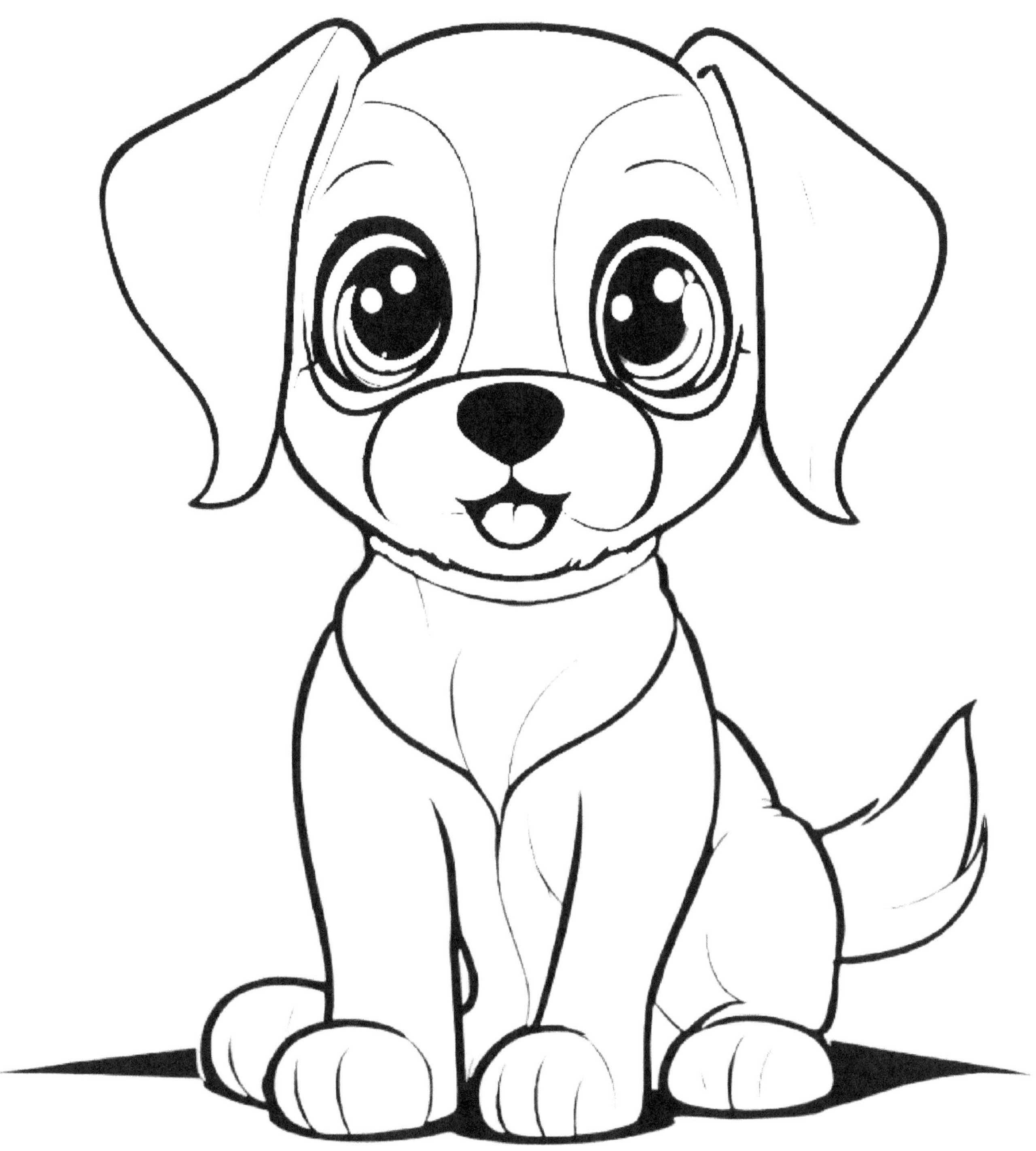

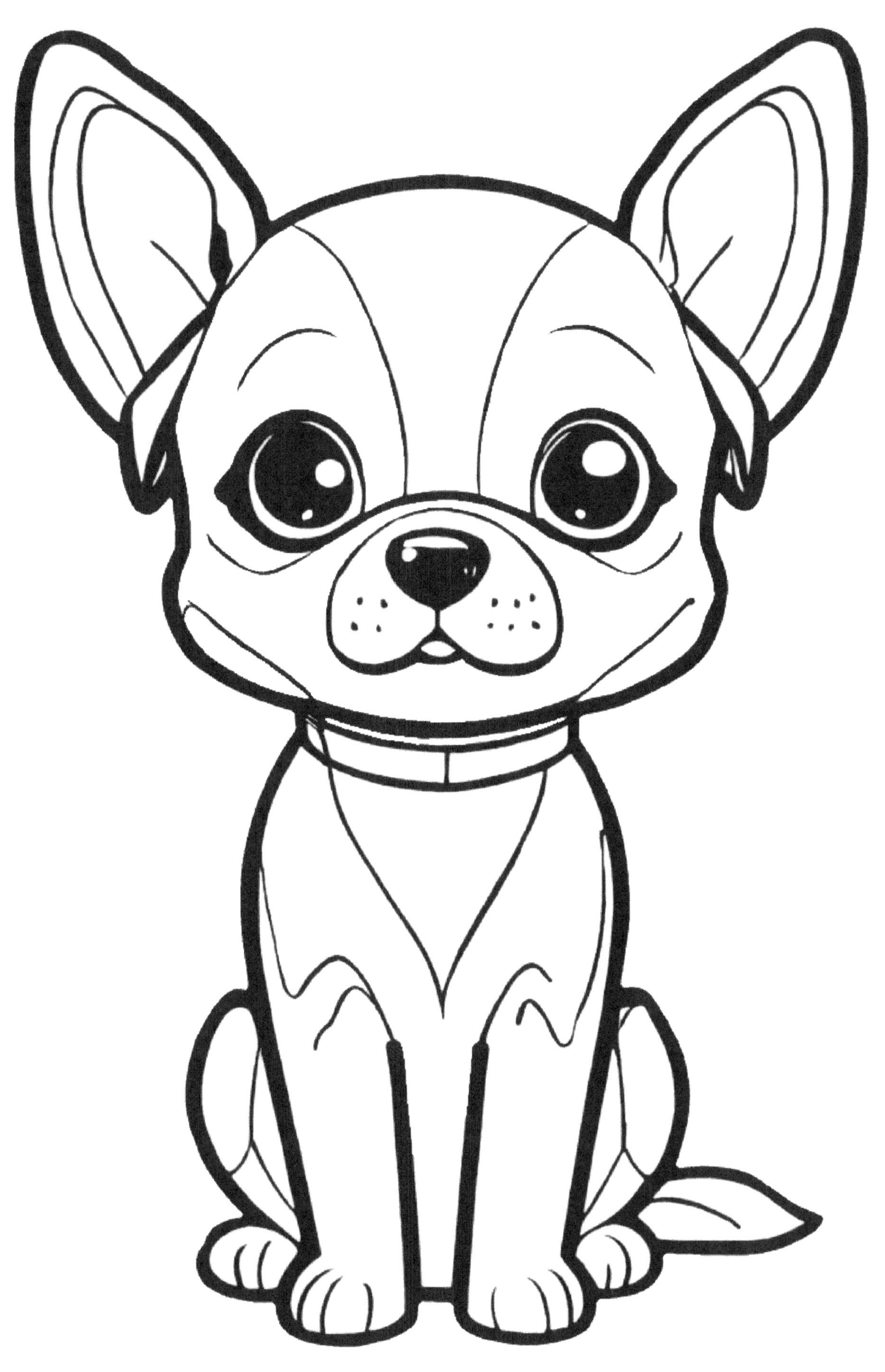

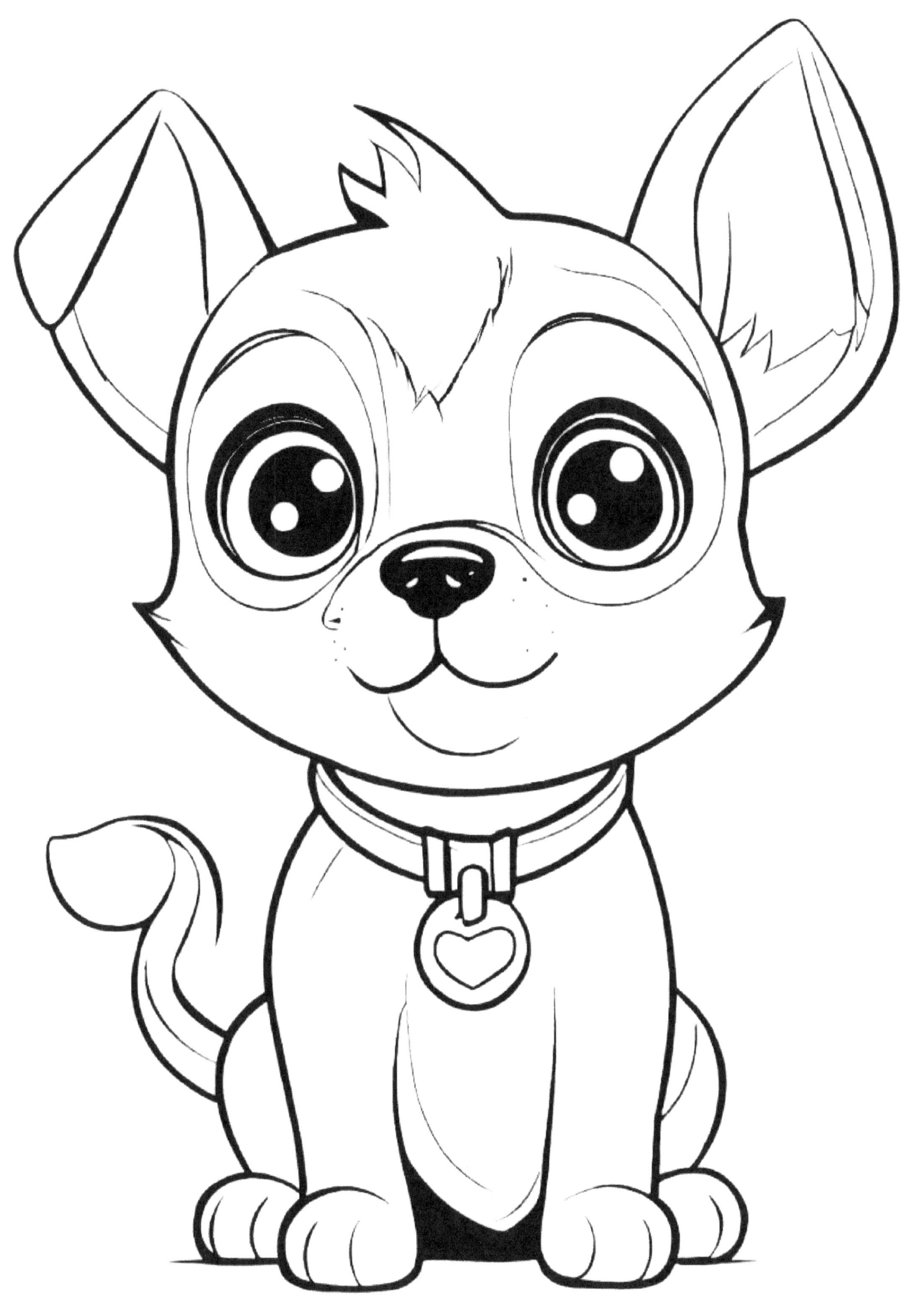

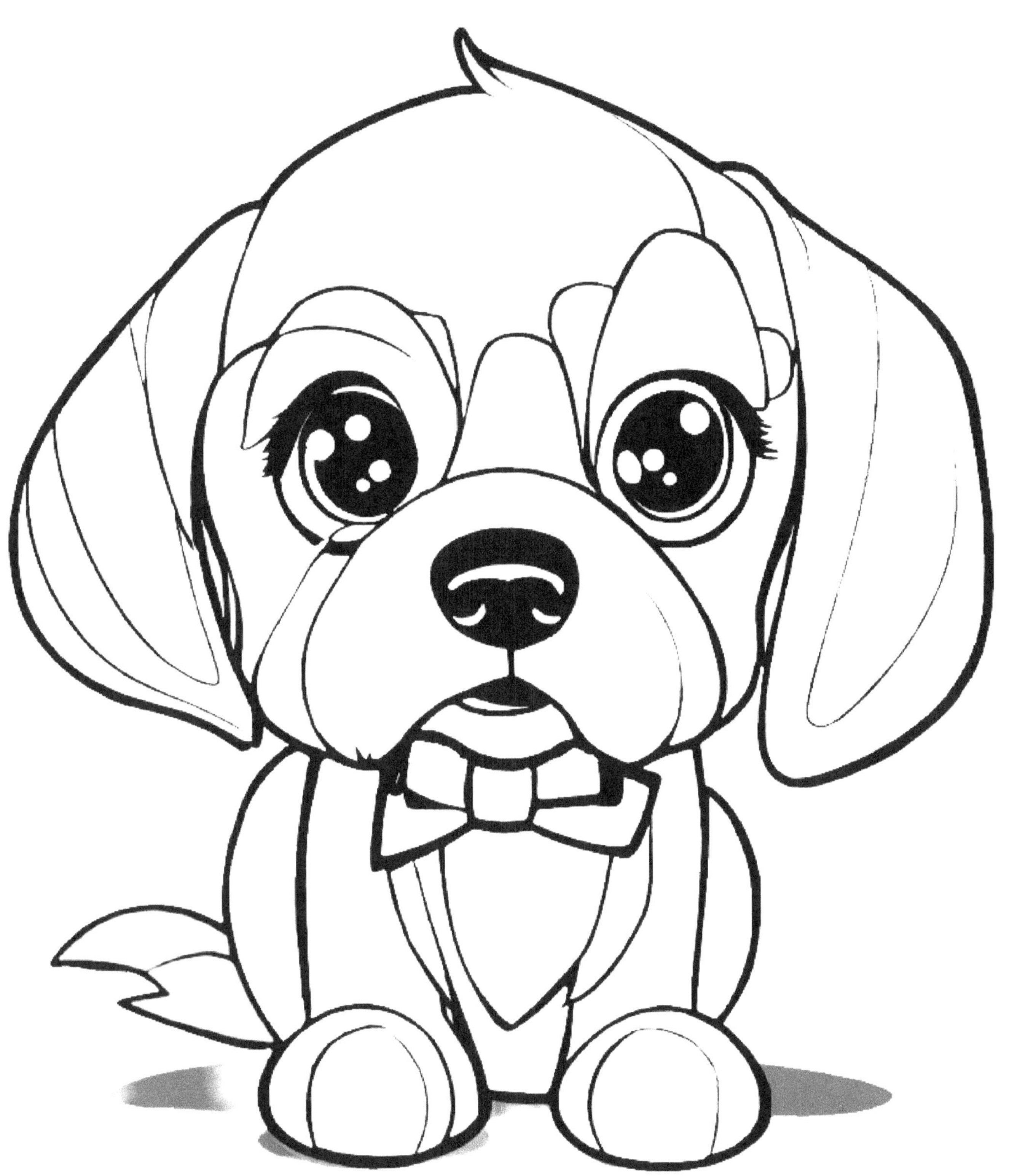

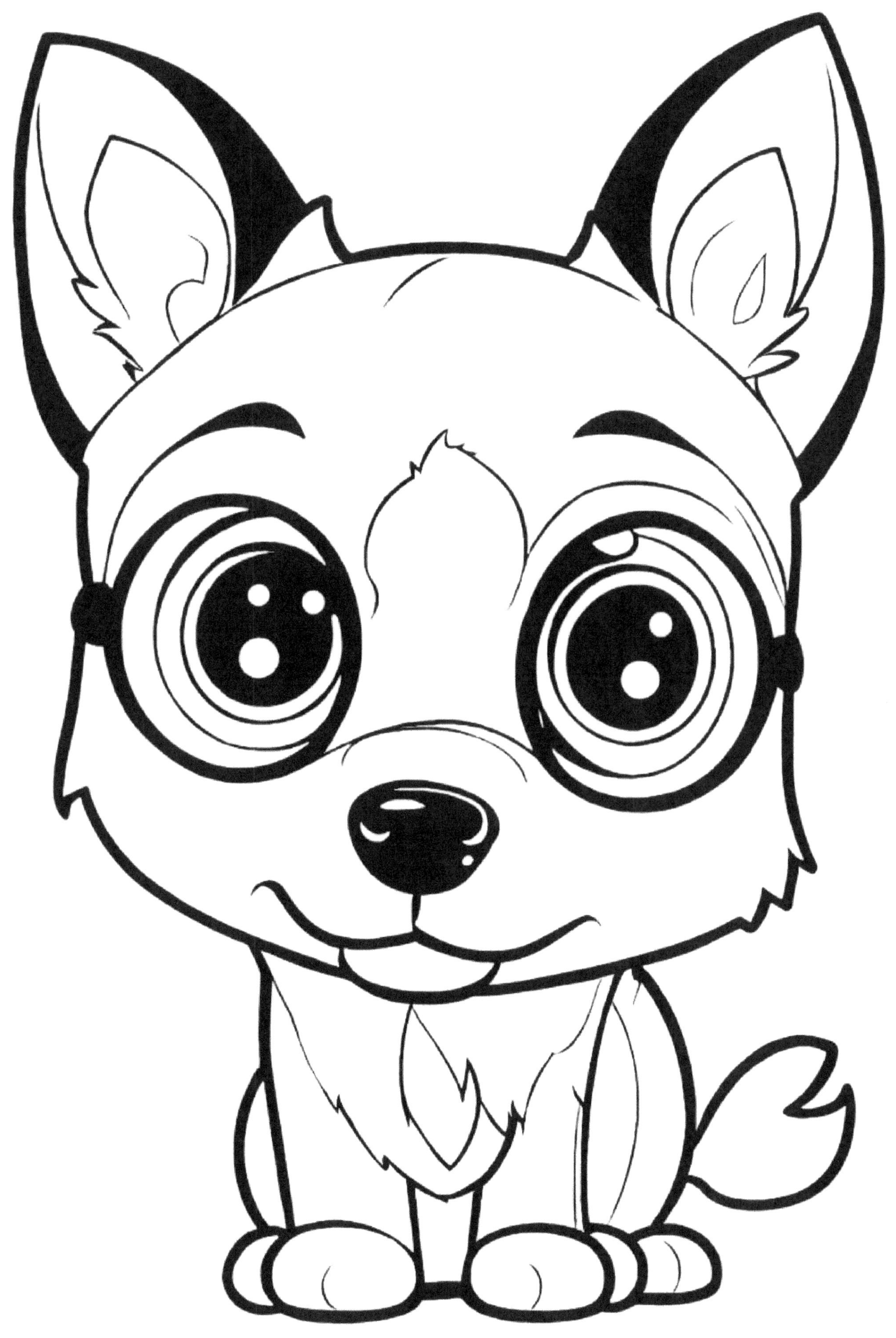

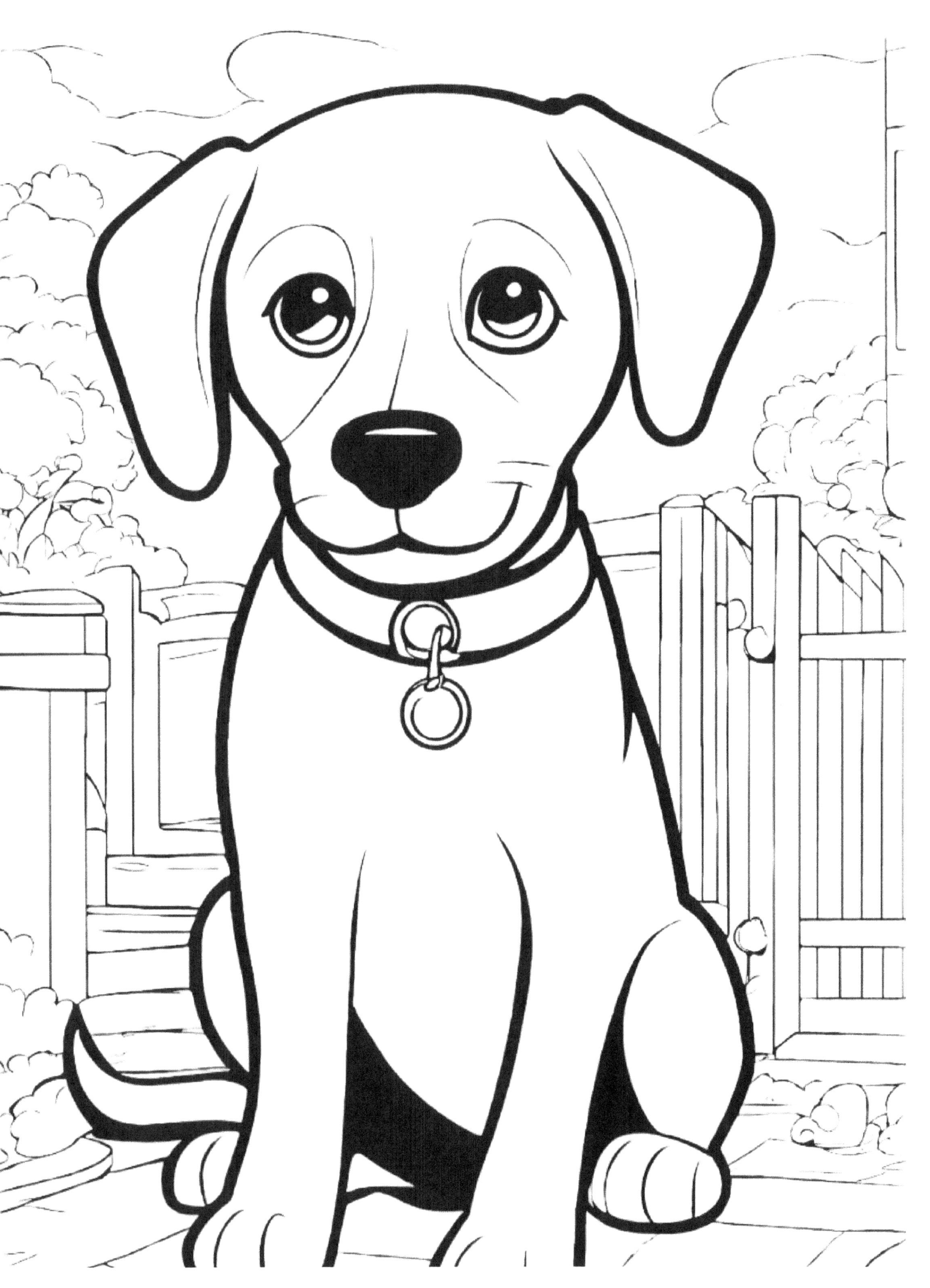

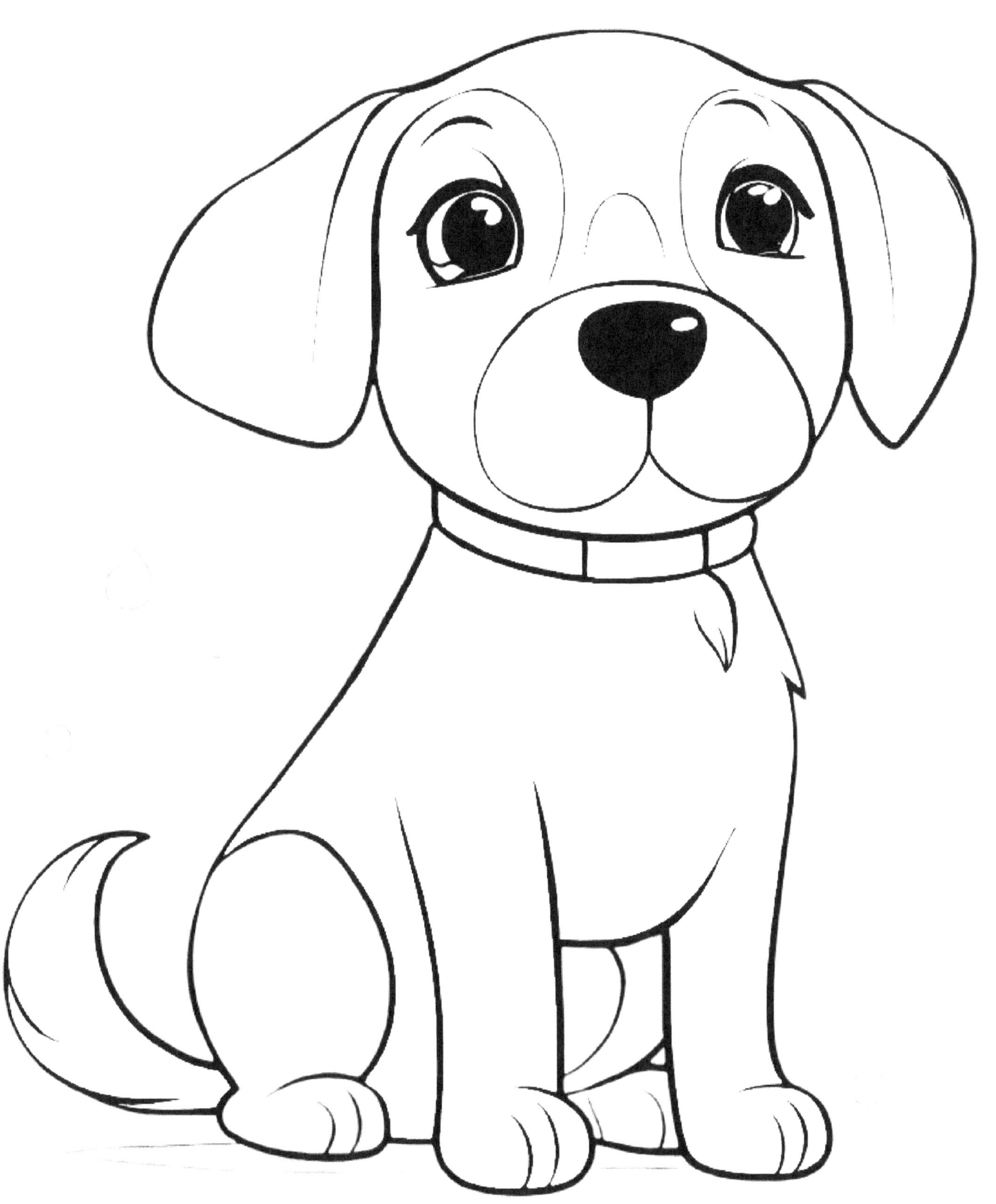

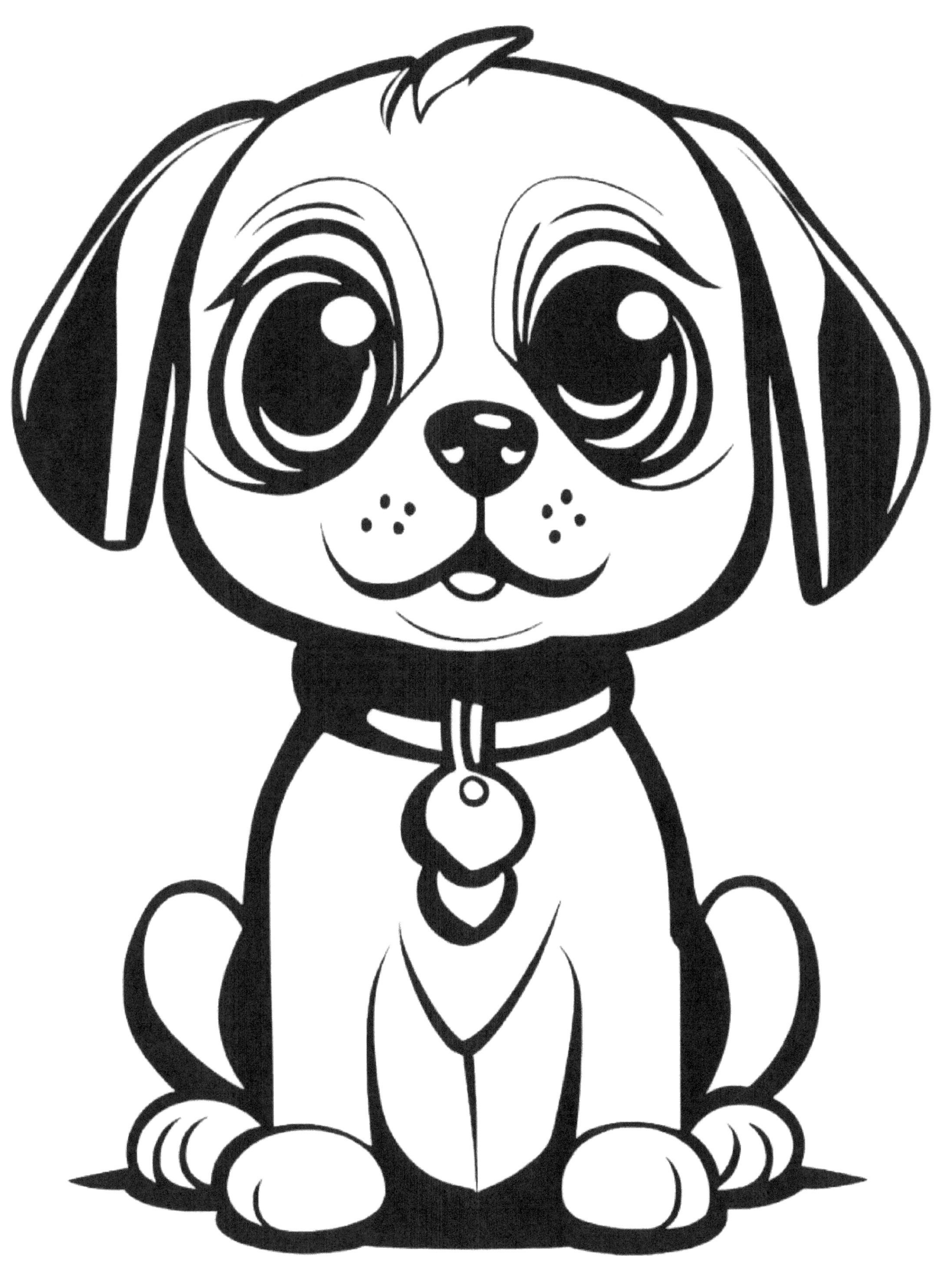

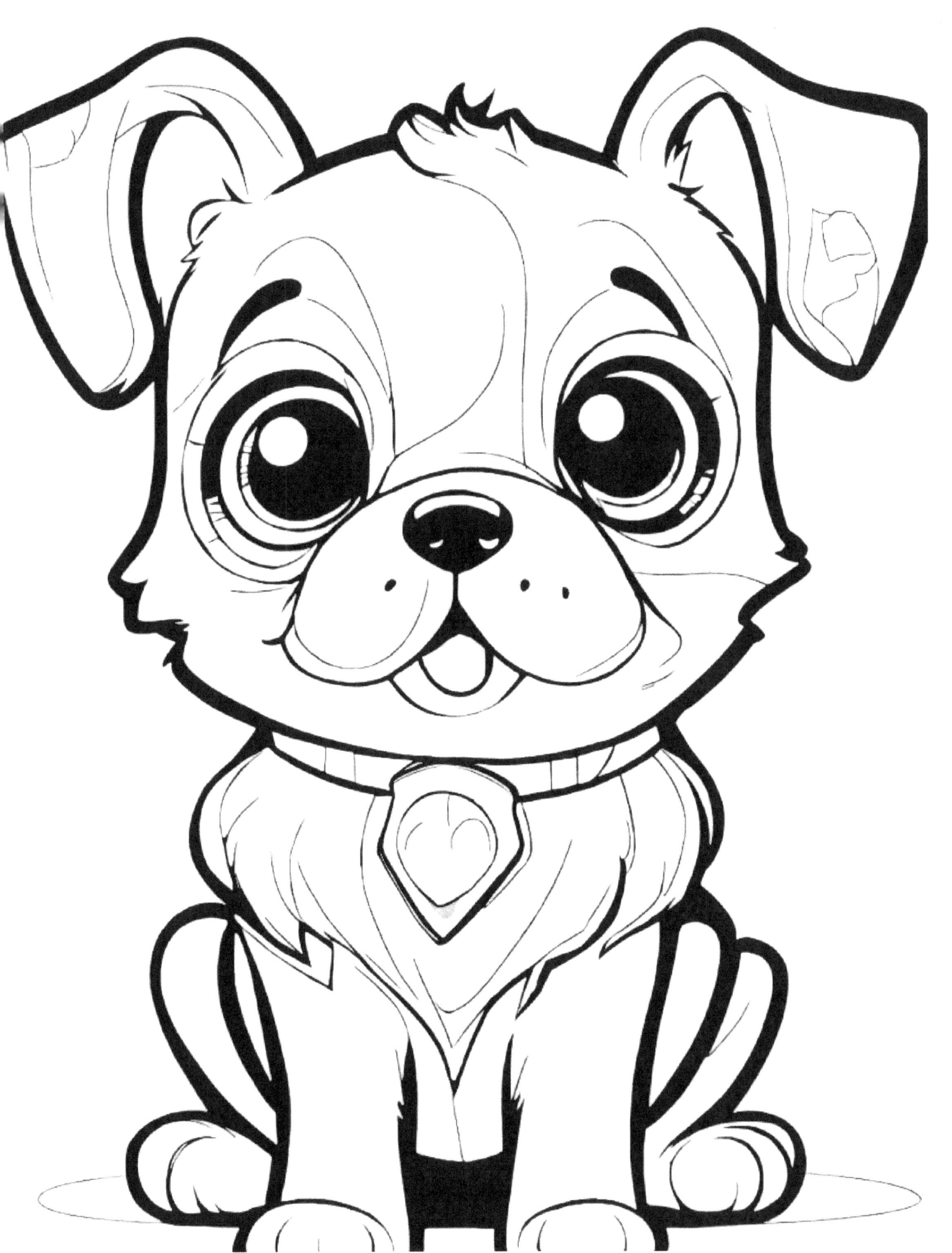

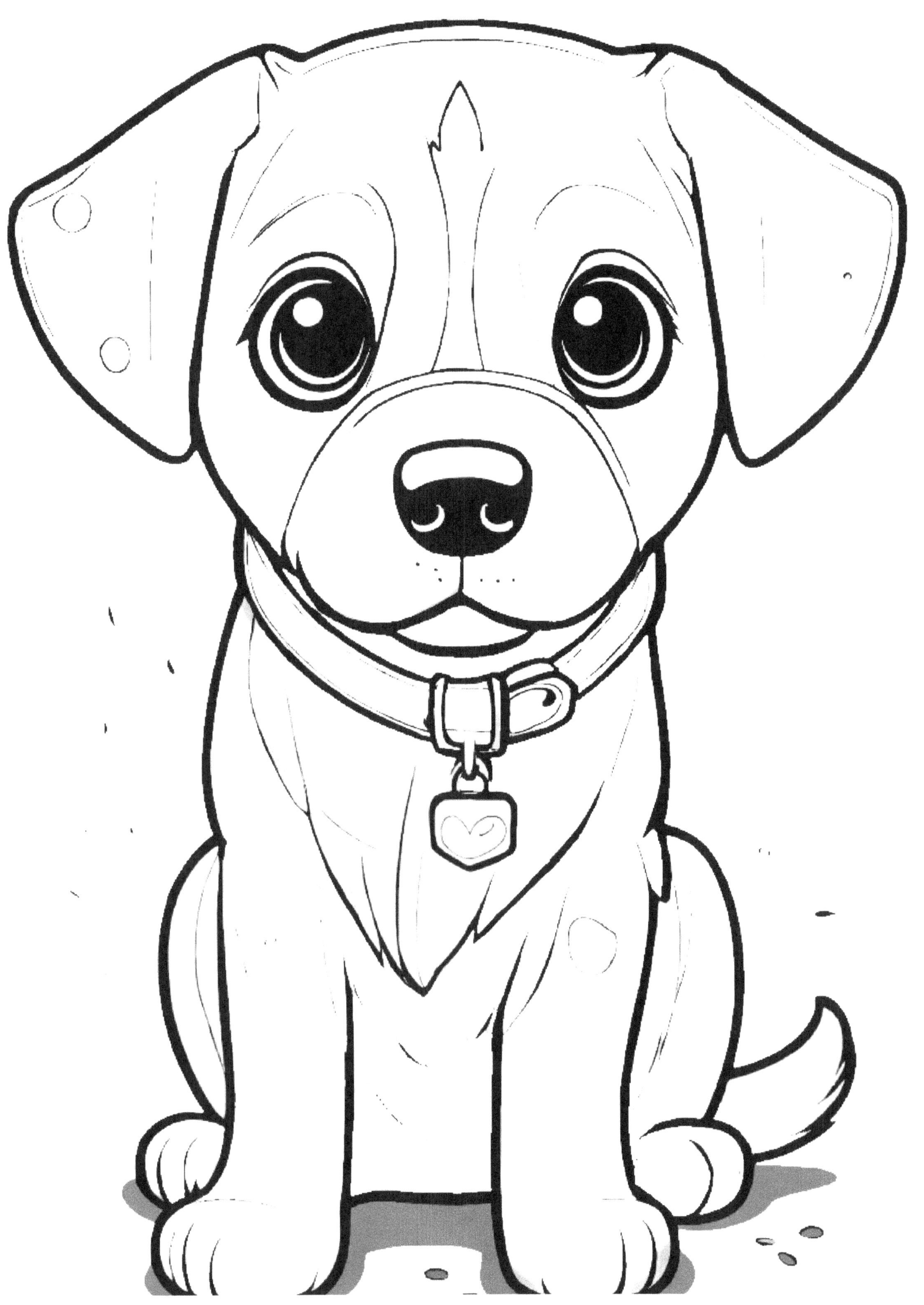

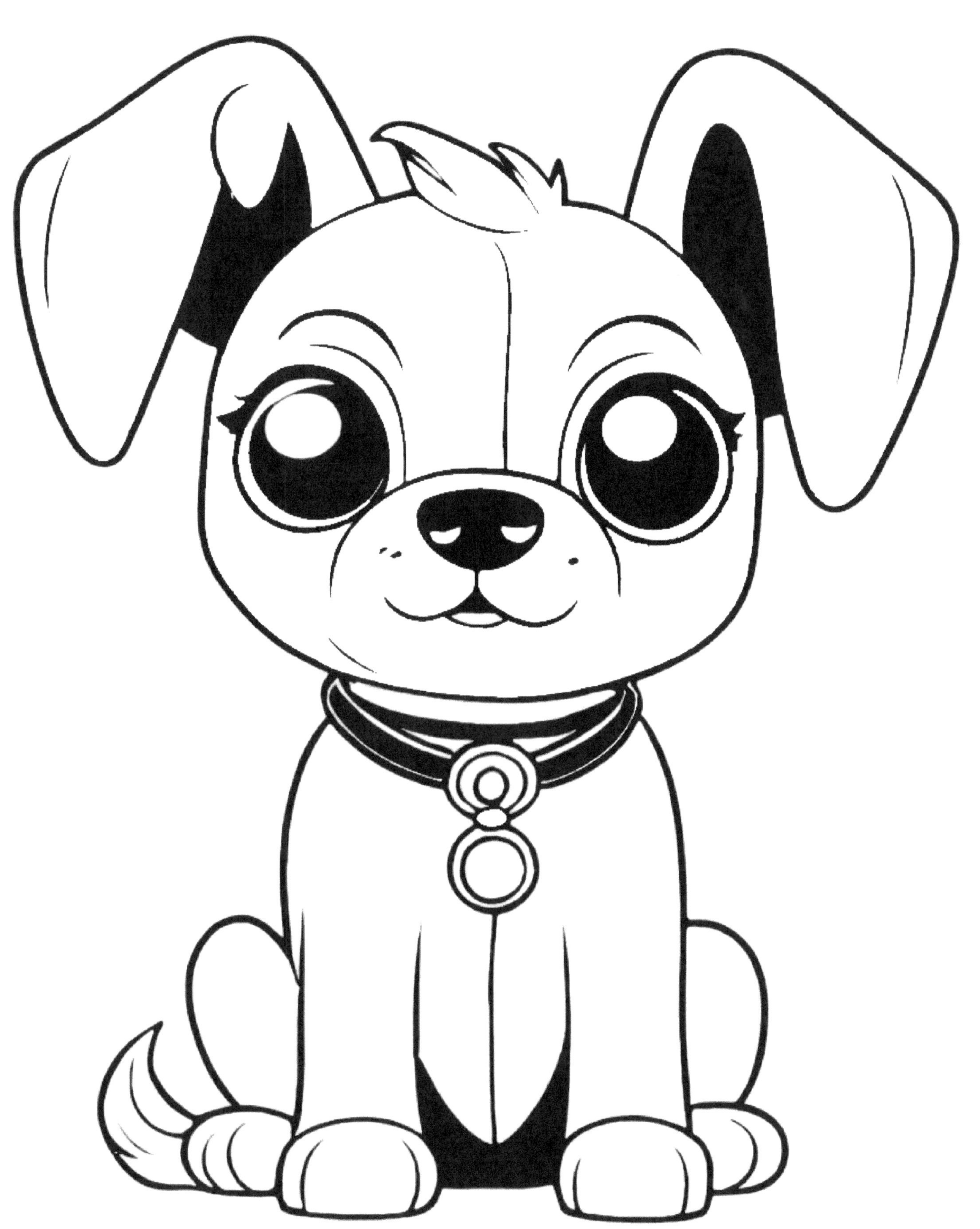

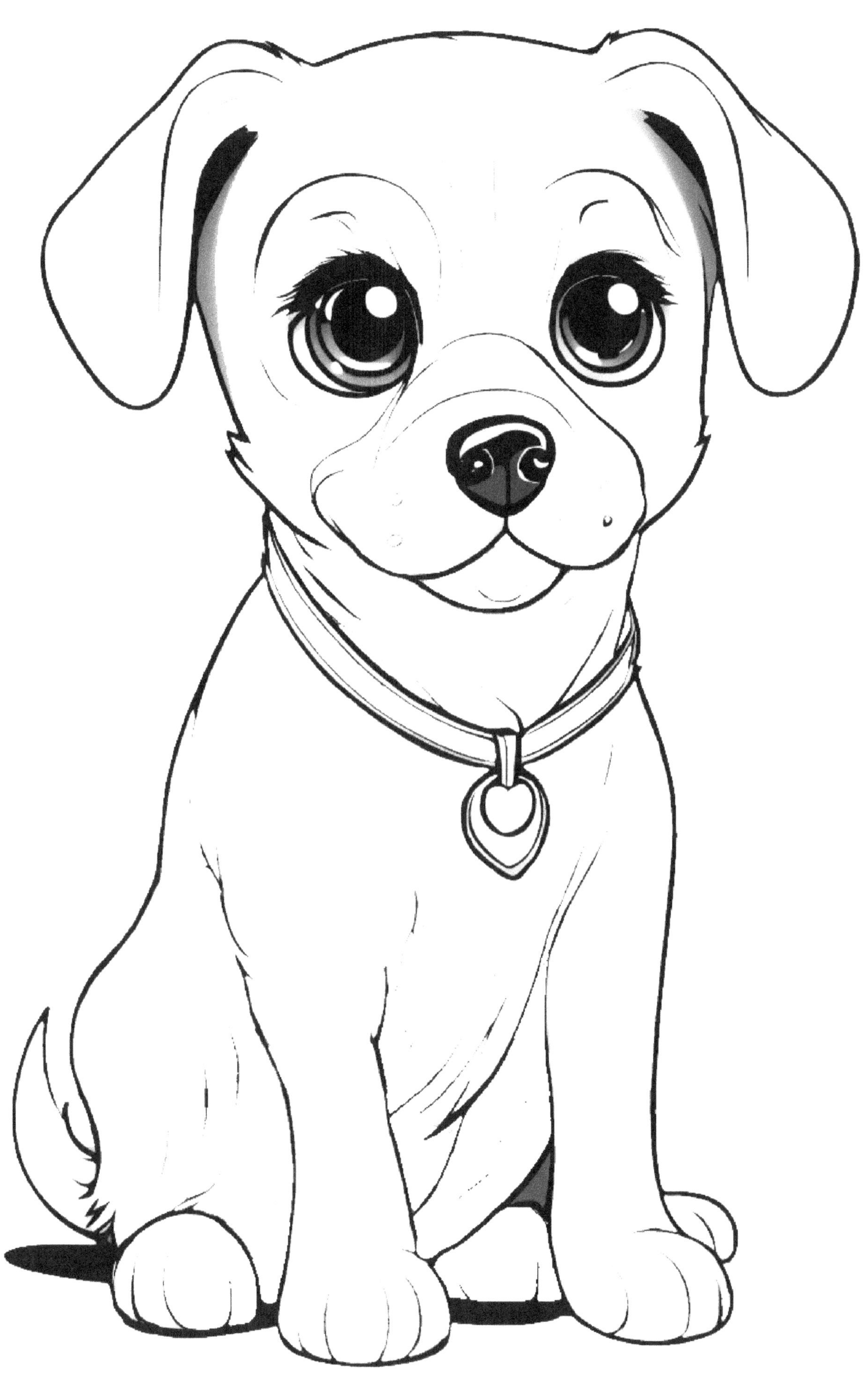

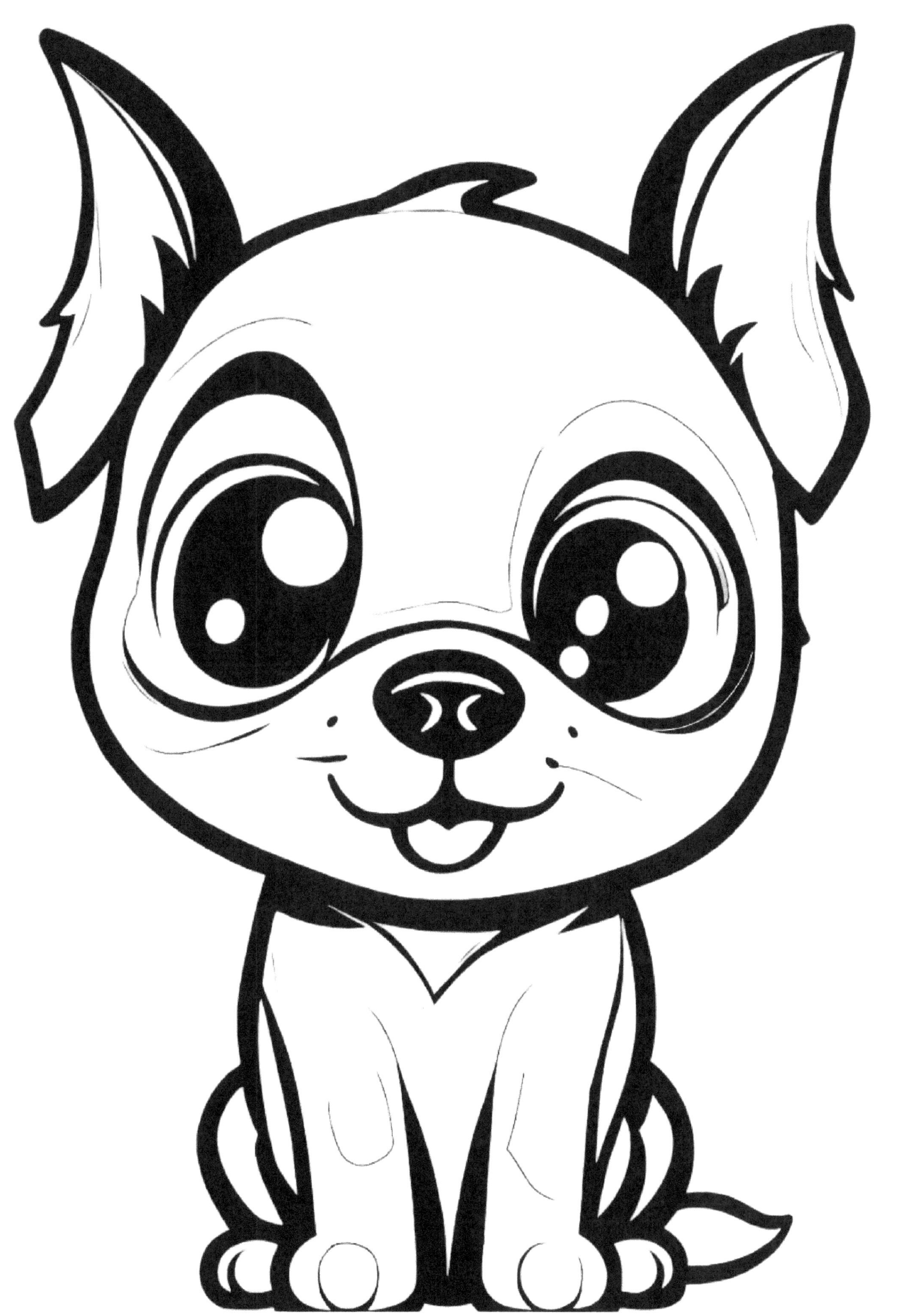

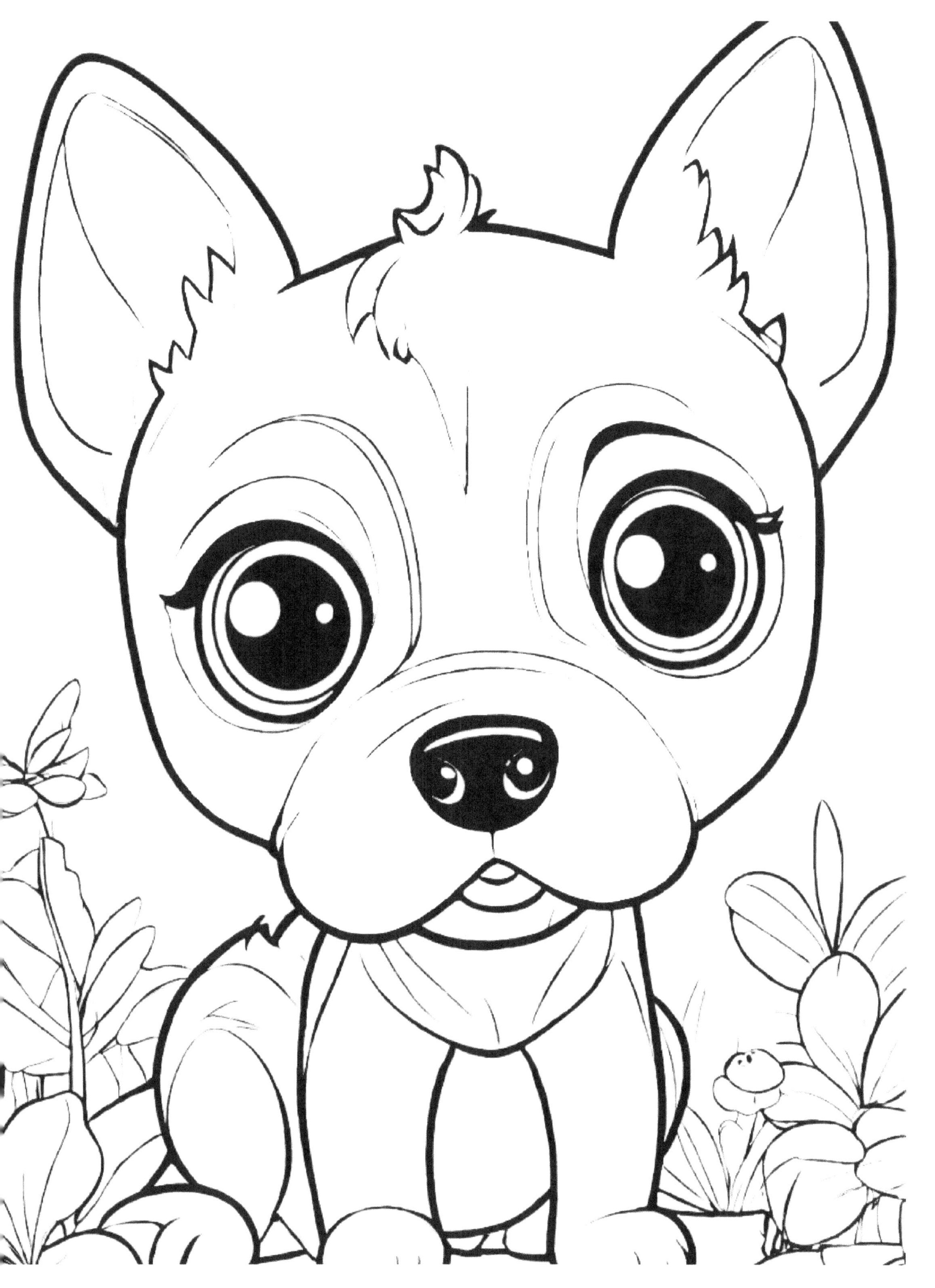

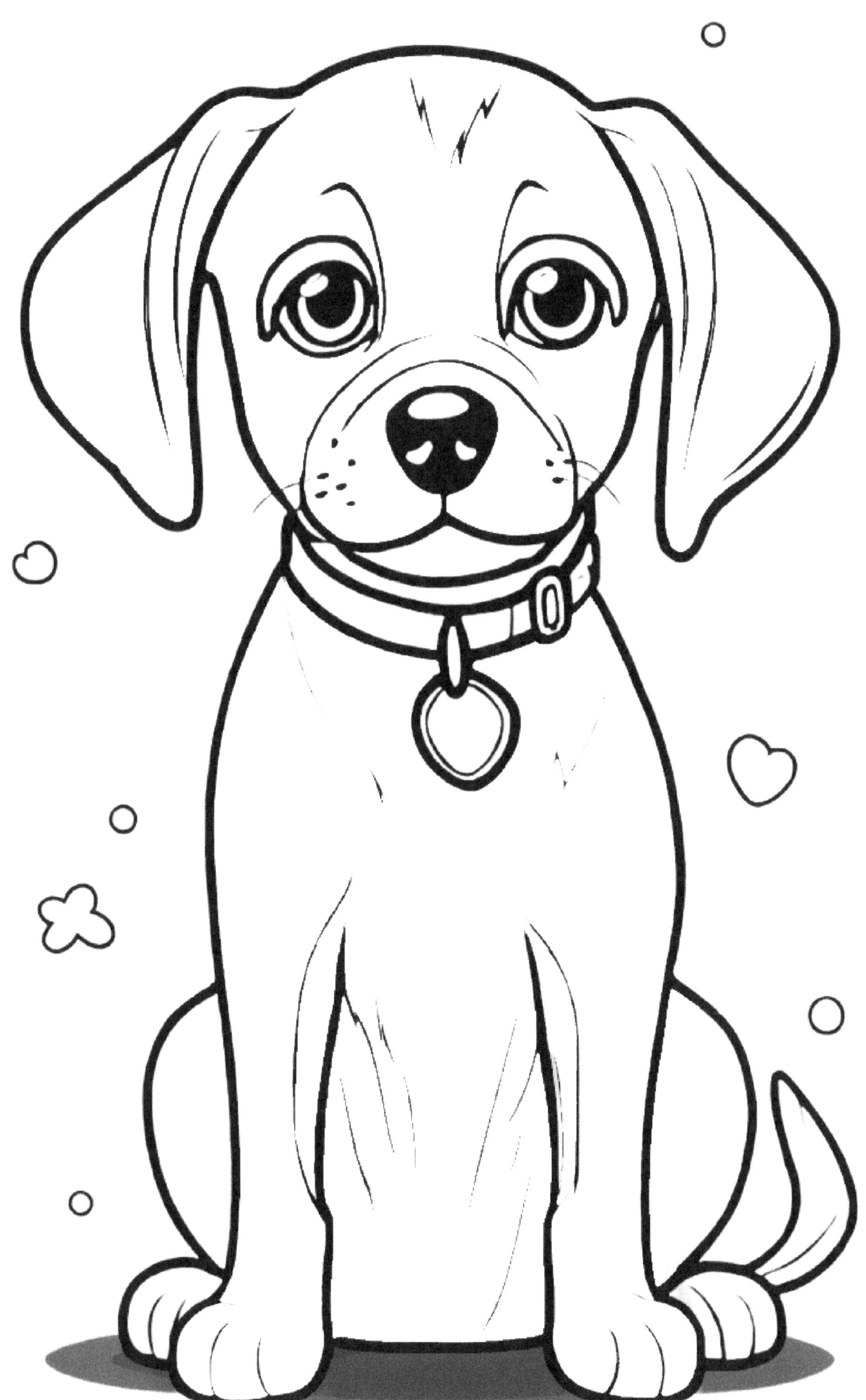

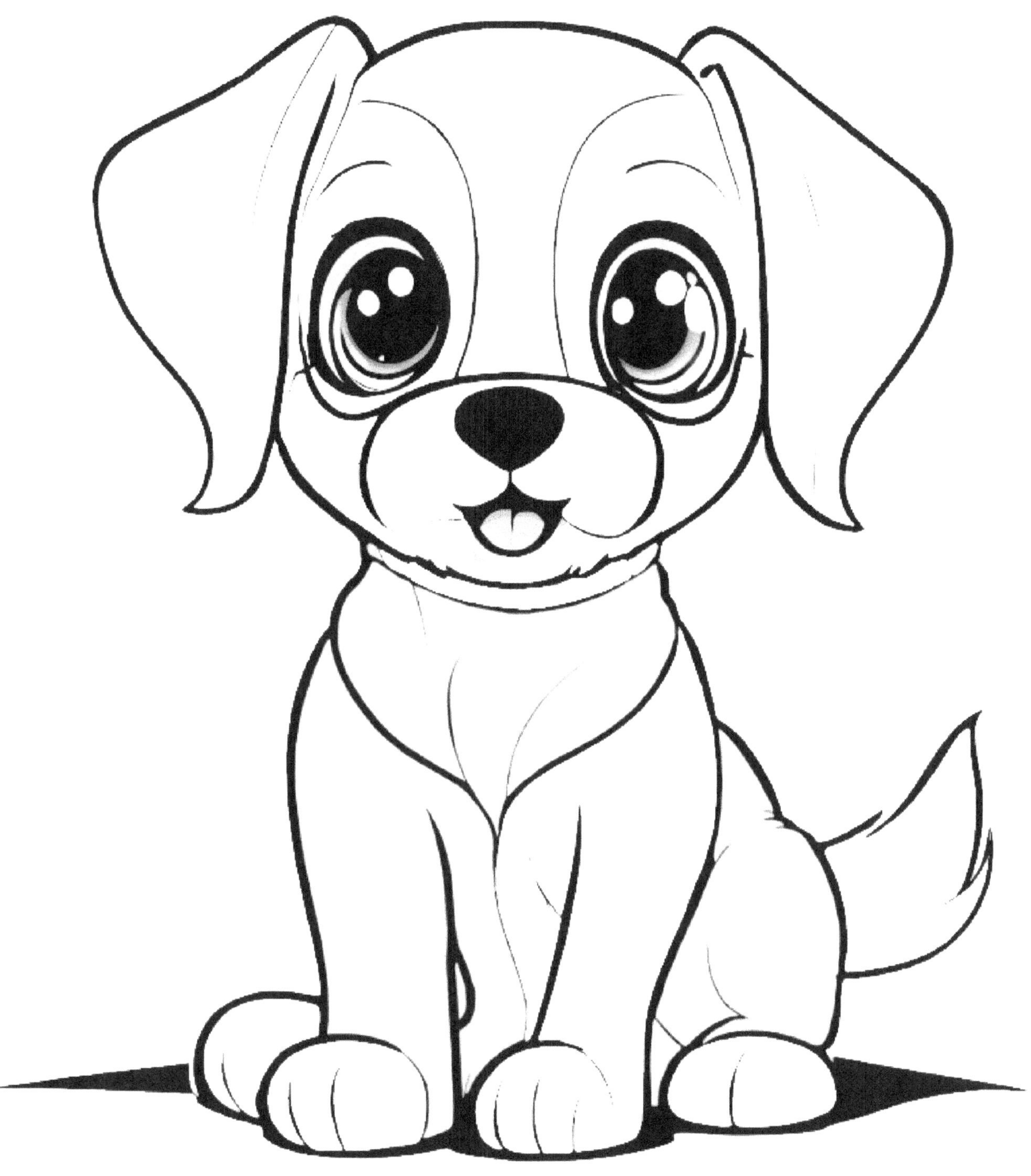

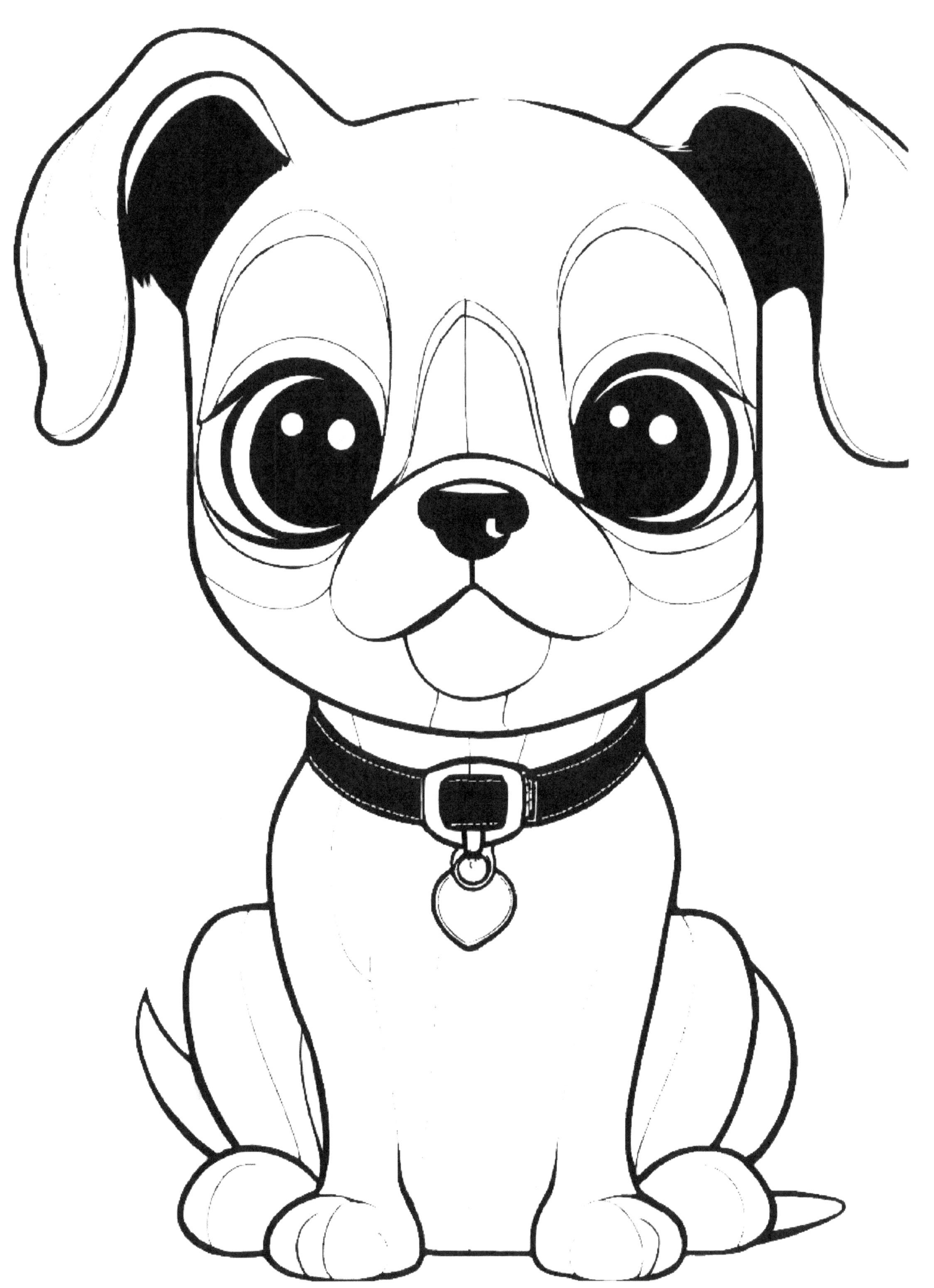